谈判力

Tan Pan Li

张　兵◎著

民主与建设出版社
Democracy & Construction Publishing House

图书在版编目（CIP）数据

谈判力 / 张兵著. -- 北京 : 民主与建设出版社，2016.1

ISBN 978-7-5139-0974-7

Ⅰ.①谈… Ⅱ.①张… Ⅲ.①谈判学—通俗读物 Ⅳ.①C912.3-49

中国版本图书馆CIP数据核字（2016）第016422号

出 版 人：许久文
责任编辑：李保华
整体设计：新兴工作室
出版发行：民主与建设出版社有限责任公司
电　　话：（010）59419778　59417745
社　　址：北京市朝阳区阜通东大街融科望京中心B座601室
邮　　编：100102
印　　刷：北京嘉业印刷厂
版　　次：2016年3月第一版　2016年3月第一次印刷
开　　本：710mm×1000mm
印　　张：15
书　　号：ISBN 978-7-5139-0974-7
定　　价：32.00元

目　录

第一章　了解你的对手

第二章　明确谈判目的

第三章 谈判中语言策略

第四章 谈判中不能逾越底线

第五章 谈判成功密码

01

| 第一章 |

了解你的对手

战胜对手的关键所在——打好信息战

谈判中，你了解对方的信息越多，你获胜的机会也就越大。你想取得谈判的胜利，那么在开始谈判之前，你就要有所准备，除了对自己和自己的产品有深刻的认识之外，还要了解你的对手，只有掌握了对手的情况，对他们的信息了如指掌。你在谈判开始的时候才会得心应手。

“商场如战场”，的确如此，随着社会的进步，越来越多的商家在争夺客户。在每一次争夺的过程，就是一个无声的谈判过程，可以说谈判无处不在。在工作中，会随时出现竞争对手来抢走你的生意。这个时候，熟悉市场环境、了解对手的信息，就成了你战胜对手的关键所在。收集对方资料的时候，你一定要客观地去分析，不因个人情绪而影响自己的判断。

在谈判前，事先了解对手是十分重要的，这关系到谈判的成败。基辛格是一个了不起的谈判专家。据说在一次峰会之前，有记者采访他：“基辛格先生，你知道在这次谈判中，对方可能会提出来怎么样的条件吗？”基辛格自信的回答说：“我当然知道了，这是一定要知道的信息，如果谈判前不做好准备，不去了解对方的信息。那将会是一场灾难。”在谈判开始之前，你要有洞察谈判对手的能力，如果能够提前洞察谈判对手的性格、喜好、心理，然后有针对性地采取谈判策略，那么你就会在谈判中牢牢地掌握主动权。一定要记住这一点：你对谈判对手的信息了解得越多，你在谈判中获得成功的机会就越大。

但如何获取你想要的对手信息呢？其实只要你用心观察，你会发现那些和你的对手做过生意的人愿意告诉你一些关于对手的信息。甚至，有时通过和对手交谈，在你的大胆提问中，你的竞争对手也会无意识地将一些信息透露给你。你也许会说，哦，这太难了，要知道，我在他的办公室里面根本就和他说不上话，更别提询问信息了。其实办法很简单，约他去吃饭或者参加一个互动活动，那么我相信他会告诉你许多你在办公室里无论如何也不会得到的消息。除了可以直接询问对手之外，你还可以通过接触他们客户公司里比他职位低的职员，你要学会在客户公司内部挖掘有效信息，或者通过咨询那些与他打过交道的同行，他们会知道他的详细的情况。

你也可以详细地调查，尽可能地去了解对手，比如对手的相关的某些经历、性格特征、爱好等，这些信息有助于你做好充分的思想准备，你可以针对他的个人谈判性格提前制定策略计划。另外，你还要了解对手的公司经营状况、公司的业绩，以及他们现有的资金情况。你通过这些信息判断出他们在谈判过程中可能会采取的谈判策略或者有可能提出的底价。这些信息只是可以帮助你了解他们，但不一定是最后的结果，这些信息需要在接下来的谈判中补充、优化。

等你了解和把握谈判对手在各个方面的需求和动机之后，那么谈判就可以开始了。谈判前了解对手的动机一定会为自己加分的。毫无疑问，我们之所以要进行谈判，就是为了使我们的要求和需求得到满足。当然，不可否认的是，在人类的许多活动中，需要和需要的满足都可以被理解为是单方面的，即人们之所以会发动和完成某项活动，只是为了满足自身的若干需要。而一场好的谈判应该是满足双方的需要，谈判双方都要有所收获。

每个参与谈判的人都会希望在谈判前能够得到对方的更多信息，这样就可以更准确地了解对方，在谈判桌上获得更大的胜利。

确定参与谈判的人员

一场成功的谈判，不仅是与你们要谈论的主题有关，很大程度上，也要取决于参与谈判的人员。谈判过程中，具体的谈判成效怎么样，往往和参加谈判的相关人员分不开。一般情况下，谈判者的专业知识和心理素质在谈判过程中可以起到关键作用。参与谈判的人员除了要具备必要的专业知识外，还需要学习并懂得一些心理方面和经济方面的知识，甚至有时候对一个国家的风俗习惯和风土人情也要有所了解。一个拥有渊博知识的人是自信的。参与谈判的人员必须要对自己有信心、做事果断、拥有敢于冒险的精神，只有具备了这些条件，才能在谈判中遇到难题不退缩、不低头，面对风险能够处变不惊。这样，谈判才会获得最后的成功。谈判过程其实可以说是谈判人员之间的一场战争。单凭一个人，哪怕这个人有再丰富的知识和再熟练的技巧，也不一定能够取得圆满的结局，所以我们要在谈判开始之前慎重地选择合适的人员，使每个成员之间都具有良好的配合能力和协调能力。组建一个强大的谈判团队，与对手进行谈判，结果可想而知。因此，如何选择参与谈判的人员也是一个技术活。

现在，我们要确定参加谈判人员的数量。

对于一次谈判来说，到底多少人参加合适，其实并没有一个统一的标准和模式，总体来说，要根据公司的规模和当时的谈判场合来看。假如是一场规模较小的谈判，参加谈判的人员可以是两三个人，如果参与谈判的人数过多，就会出现一些信息或角色扮演方面的沟通问题。然而，由于谈判涉及的方方面面很多，这就需要参加谈判的人员能同时兼顾一些非专业方面的知识。所以一次合理的谈判参与人数通常是三四个就可以了。因为他们可以互相配合，各显其能，使谈判工作可以顺利进行。但一个人是绝对不行的。因为，在谈判桌上会出现很多不可预测的突发事件，单靠一个人的力量是不现实的，有时候处理问题会顾此失彼。即使这个人员神通广大，他也不可能分角色地独立控制谈判中的复杂局面。再加上在谈判中会涉及不少专业知识，这就需要其他专业的人员来参与。

谈判人数确定了，那么该如何选择参与的谈判人员呢？

关于在谈判中怎么配备谈判人员的问题，我们不仅要考虑到参与谈判人员的层次结构，还要分工明确。参加谈判的人员中，既要有公司的主要负责人——有权在谈判中做出重要决策，还要有项目负责人——可以了解和估算在项目中所能承担的最大的任务。当然，谈判成员中专业技术人员是少不了。尤其是专项谈判中，常常需要用到大量的专业知识。在一些大型的对外谈判中，翻译也是谈判人员中不可缺少的一部分，因为在涉外谈判中，谈判一方不会使用另一方推荐的翻译人员。

在配备好谈判班子之后，我们还要确定谁是谈判的主要负责人及在谈判过程实施黑白脸策略的人员的具体分工。谈判人员所具备的知识要有互补性，这样可以解决在谈判中出现的各种意外事件，并能提高谈判效率。

谈判能否成功，不但取决于对对手的了解程度，同时也需要谈判成员的配合程度。谈判其实就是说话与说服的艺术结合。谈判过程就是双方参与人员之间的表达能力、判断能力、应变能力的对决。谈判双方必须在较短的时间内达成一致意见。意见一致了。谈判就成功了；意见不一致，那么很遗憾，谈判就失败了。但是，一般情况下，既然来参加谈判，那就是希望谈判能够顺利进行，所以，只要参与人员具有良好的协调能力，发挥各自的潜能，那么，谈判就能圆满落幕。

摸清对方的底线

在谈判之前，摸清对方的底线是很重要。谈判过程本来就是一个沟通过程。在谈判中，我们要了解对方的底线，对比一下双方是否存在合适的利益交叉点，同时还要了解对方参加谈判的最主要目的是什么。只有了解这些，我们才可能在维护自身利益的前提下满足对方的需求。

那么，如何才能摸清对方的底线呢?

实际上，摸清对方的底线并不是一件容易的事情。有时一些自认为的“对方底线”其实仅仅是前期搜集资料和后期互动中得出来的结论。没有哪一次的谈判可以轻而易举地把合同拿下。谈判本来就是前后相连的过程，不经过一段时间的磨合，你是无法真正了解谈判对方的底线的。

摸清对方的底线需要一定的技巧。相信大多数人都会有这样的经历：在商场中，当你想买一台电视机的时候，虽然电视机是明码标价的，可是你心里却知道，它还有一定的讨价还价的空间。所以，当销售人员问你今天是否可以决定购买的时候，有经验的人都不会正面去回答这个问题。如果你完全是一个谈判的菜鸟，你心里也许会想："我要说今天就买，让她知道我有诚意，只有这样她才可以给我一个最优惠的价格。"于是，你就把你的真实想法告诉了销售人员。天啊！你要知道，这样你其实是失去了议价的最好时机了。而且我敢肯定对方的心里一定很高兴，她觉得你的购买意愿很强，她有足够的把握认定你不会讨价还价了。如果你回答她"我只是先看看"，那么结果会怎样呢？销售人员听了之后，只会报给你一个冷冰冰的数字，再也不肯开口了。因为她心里在想："他都不想买，那我还跟他浪费时间干嘛？"

现在，想象一下谈判高手会如何说？谈判高手会说："哦，我确实有这个方面的打算，但是是否成交还要看你了，这完全取决于你的报价。"这样你把皮球踢到她那里去了。销售人员肯定会想："这是一个有购买欲望的客户，但是他还有一点犹豫，那么，看我的吧，我一定要拿下他。"接下来，你们的谈判就开始了。因为销售人员不确定你最后是否购买，所以在价格上，她会给你一个最大的优惠，要知道，说服一个不十分情愿购买的客户比说服一个坚决购买的客户的成就感要大得多。作为谈判高手，就要抓住机遇，使对方有足够的空间。

很多谈判和这种买电视机的情景是类似的，比如当你代表公司去参加谈判的时候，当你代表老板去约见客户的时候等。你现在知道谈判技巧中最关键的是什么了吗？那就是要知道对方的底线，而不是让对方知道你的底线，特别是在刚刚开始的时候。你要学会让对方来接招，让对方想办法达成这笔交易，而你需要做的只是简单地回应对方"我考虑一下"或者是"这真是难以接受"。你这种打太极的做法，不但可以了解对方的底线，也给自己赢得了主动权。所以在谈判的时候，你会发现只要你用心一点，了解一下对方，然后表现得漫不经心，从一个主意跳到另一个主意，从表面上看，你只是绕回到原来的那一点，但是，你知道吗？这样，你就占有主导地位，使你在每个环节上你都知道别人的底线，而别人却不知道你的底线！摸清了对方的底线，你就有了足够的谈判资本，就有了一个有效的武器，并以此来巩固你的堡垒，使之立于不败之地。

找到可以说“行”的人

你有没有遇到过这样的情形：你与你的客户谈了很久，可是他却说要给老板汇报一下，他做不了主。这是最令人沮丧的事。

其实这是一种谈判技巧，目的就是为了利用最高权威来给自己足够的时间思考。在见到对手之前，你总是希望自己能够作决定，当你能够对客户说：“这次谈判结果的最终决定权在我。”你认为那是非常棒的感觉，你会有一种大权在握的兴奋感。

因此你总是期待你的上司能够给你这种权力。“把这件事交给我去做吧，给我作决定的权利，这样我与对方谈判的时候就有一定的优势了，我会用优越的条件与对方达成交易。” 实际上，谈判高手可不会像你这么做。当你这样做的时候，你已经把自己放在了一个很不利的位置上。你必须把你的自我意识丢到一边，为自己找一个更高的权威。虽然你会感觉不舒服，但它却是一种有效的谈判方式。

如果对手发现你有最终决定权，他就会认为只要说服你一个人就可以了。当你答应他的条件，他就认为这笔交易已经成功了。可是如果你告诉对方你必须把这个结果汇报给领导的时候，情况立刻就不一样了。无论你的领导是谁，你的对手都会付出更大的努力来说服你。他知道他必须提供一个能够让你说服你领导的报价。他还清楚地知道，想要说服你的领导，他就必须要先说服你。只有说服你了，你才会同意去说服你的领导。

假设你是一家电器商店的老板，你经常会见到很多前来推销电器的销售员，你通常会把价格压得很低，然后再告诉他们，等你向销售部汇报之后，再给他们答复。当然，你是不需要汇报的。不过，第二天，你打电话告诉他们："真不好意思，我原以为他们会接受我的提议，可他们希望价格降几百元，否则这笔生意就不用谈了。"这时，你会发现，大多数推销员最终都会接受你提出的条件。

在使用更高权威的策略时，一定要确保你使用的更高权威是一个迷糊的实体，比如委员会、营销部、策划部、生产部、办公室等。如果你告诉对方，在做出最终决定之前，你必须请示你的上司，那么他的第一反应就是："那我为什么在这里和你浪费时间？如果只有你的经理才有做出决定的权利，那么我就和你的经理谈吧！"可是一旦你说出你的更高权威是一个模糊实体的时候，你的对手就不会这么想了。

在生活中，这种更高权威策略也是比较常见的。比如，当你看中了一款车，销售人员报了价，你会说："我需要回去跟老婆商量一下。"这样你就给自己预留了一段时间去考虑。

那么，作为销售方，又该如何预防对手使用这种方法呢？你一开始就要找到可以说"行"的人，找到关键人，不然接下来你会浪费很多时间和精力。当你开始与对方正式谈判之前，一定要弄清楚与你谈判的这个人是不是具有一定的决策权。在谈判开始之前就要确定对方是不是可以做出最终的决定，试探对方是否会虚构更高权威。比如，

“对不起，我想确认一下，如果一切都顺利的话，是否还会有其他原因让你无法立刻做出决定呢？”或者“你好，我想与你确认一下，如果我们产品的质量和价格你能够接受的话，还有什么方面会影响你作决定吗？”一旦你的客户回答说：“没有了，基本上我能做主。”但之后，对方又说：“你好，非常感谢你的讲解，我会向我们老板汇报这件事，如果他们有兴趣，我再与你联系。”那么，你可以告诉他们：“好吧，那一定是我还有什么地方没有讲清楚，我记得您刚才说的是今天就可以做出决定。”如果他们告诉你，他们还要让更高权威来决定时，一般你可以采取以下三个步骤：

1. 激发对方的自我意识

你可以微笑着问对方：“他们通常都会听你的推荐，是吗？”只要你能够激发对方的自我意识，他就会告诉你：“是的，我想你说的没错。只要我喜欢，估计就没有什么问题了。”在大多数情况下，他会说：“是的，他们通常会听从我的推荐，但我还是要先征求他们的意见才能做出最终的决定。”假如发现谈判对方是一个自我意识非常强的人，你在刚开始进行演示的时候就要试探一下对方是否有更高的权威。比如，你可以这样问：“如果你把这份报价单交给你的上司，你觉得他会同意吗？”相信我，那些自我意识非常强的人会这样告诉你：“我自己完全可以作决定，不需要得到任何人的同意。”

2. 让对方保证会在决策者面前积极推荐你的产品

当你得知对方不是决策人的时候，你可以这样告诉对方：“你会向决策者推荐我的产品，是吗？”一般情况下，对方会告诉你：“是的，我会努力，为你争取的。”一个有经验的谈判高手，通常情况下会要求对方作出承诺。也有可能对方会向你坦白，根本就没有所谓的决策者，事实上，他就可以做出最后的决定，这只是他的一种谈判策略而已。所以，当你问对方："你会向决策者推荐我的产品吗？"无论对方回答什么，你的目的都已经达到了。

3. 取决于步骤

比如，当向一家大型超市推荐产品的时候，你希望他们能够在假日或者周末产品的推荐信中列出你的产品。你的销售经理批准了一笔2万元的预算，可是这家超市的采购商开价是3万元。这时，你应该一边摇头一边说："你的报价比我想象中高多了，我必须征求一下部门意见。如果是1.5万元，完全没问题，可是你的3万元让我无法做主了。"你这样说并没有让对方形成一种对抗的情绪，反而给对方一个希望。他也许愿意接受你1.5万元的报价，而不愿意浪费时间和精力等你征求部门意见。不过，要注意，你必须估算对方可以接受的价格范围。

总之，在正式谈判之前，找到可以说"行"的人会给你的谈判带来意想不到的效果。

你的底线是什么

在开始谈判之前，你不但要摸清对方的底线，还要设定好你的底线。双方一旦超越各自的底线，谈判就会无法进行。在谈判中，我们经常遇到的就是价格方面的问题，这也是谈判双方利益冲突的一个比较大的问题。假如你是买方，你希望价格会更低；反之，你是卖方，就会希望价格高。不管是低价还是高价，你都需要设定一个底线。首先，这个底线必须是合理的，要建立在正常的市场范围之内，不可过高或过低。如果买方把底线定得太低，或者卖方把底线定得过高，都会造成谈判冲突，最终导致谈判失败。

因此，在确定底线的时候，一定要符合实际情况，你的开价应该是你能接受的最低价和对方能够接受的最高价之间。这样，双方才会有谈判的欲望。你要记住，对你有利的价格不一定适合对方。所以，当你在设定底线的时候，要考虑对方的需求，要多方面地进行考量，确保你的开价处于双方的临界点，并且给对方留有还价的余地。当你意识到自己的底线不适合对方的时候，可以在开价后尽快做出让步。

假设当客户向你询问一款车子的价格的时候，销售员该怎么回答呢?

方法一：

客户：这款车子的价格是多少?

销售员：我们公司规定这款汽车的售价不低于18万元。至于付款方式，你可以选择一次性付清或者分期付款。

客户：哦，价格太高了。我昨天看到一款类似的车子，价格只要15万元。

销售员：不好意思，您要是觉得价格高，还可以看看别的款，这款车子的价格确实是这样的，不能再低了。

方法二：

客户：这款车子的价格是多少?

销售员：您的眼光真好，这款车子很漂亮。我想您已经对这款车有了一定的了解，您知道的价格是多少钱呢?

客户：应该是在15万元左右吧。

销售员：您说的这个价格确实可以买到其他品牌的类似车型，可是，这款车是最新上市的一款，它的动力技术做了一定的改进，发动机采用的是最新的技术，性价比当然也是比较高的。所以价格比你看的那款要多3万元。

方法三：

客户：这款车子的价格是多少？

销售员：这款车的价位是30万元，看起来你对它很感兴趣，这样吧，今天刚好赶上我们的促销活动，你要是想买的话，我给你打9折。

客户：啊，价格这么贵？打9折也比其他同类车贵啊……

你认为这三种方式，哪种比较适合呢？

第一种方式中，销售员给出最低底线之后，就不再给让步了。哪怕你的报价是非常合理的，客户也会心理不平衡，销售员忽视了客户寻求平衡的心理，不给客户讨价还价的余地，客户会失去购买兴趣，放弃这次购买。第三种方式中，销售员一开始就报出超出自己期望的价格，完全脱离市场行情，超出客户的接受能力。客户会认为销售员在欺骗他，继而会对销售员产生一种防备心理。只有在方法二中，销售员巧妙地使客户说出他期望的价格，销售员既提出了超出自己期望的条件，又符合客户的要求，因此，销售员和客户能够进行接下来的谈判。

需要注意的是，不要过早地提出自己的底线，否则你不仅会失去获得更大利益的机会，还会使整个谈判陷入僵局。对客户来说，你提出一口价之后，就再也不做让步，就失去了谈判的时机，即使你的要求很合理也于事无补。如果你先提出高于底线的要求，经过讨价还价之后，让客户觉得他获得了很大的优惠，他会感到非常满意，虽然实际达成交易的条件还是远远超出你的底线。当然，如果你不根据市场行情，漫天要价的话，也等于把客户赶出门外。

在设定谈判底线的时候，你要注意下面的几点：

首先，底线的设置要在最小的损失下获得最大的利益，这里的利益不但包括了进行产品销售的公司利益，还有你自己获得的利益。如果你的底线设置没有使你获得利益，那么这样的底线就没有什么意义。

其次，在设置底线的时候，要考虑到对方的接受程度。一次顺利的谈判，一定是双赢的结果。只有双赢的谈判才可以继续合作下去。所以，当设置底线的时候，你不但要考虑你的利益，还要考虑对方的利益。假如你只考虑自己，谈判就会陷入僵局。

最后，要将底线坚持下去。一旦设置好底线，你就要坚持下去，哪怕你的客户提出非常苛刻的条件，甚至使谈判陷入僵局，你也要尽可能地坚持你的底线。对于超出底线的谈判宁可谈判失败、失去客户，也不放弃自己的底线。因为即使你已经放弃你的底线，你的客户还是会要求你再三让步。

给自己设定一个底线，但是不要轻易说出你的底线。尽管在谈判前，你已经有了满足利益的底线。可是，谈判高手都知道，在谈判的时候不能轻易地说出自己的底线。想要满足你的底线要求，就要提出超出你的底线的条件。你表现出来的底线，记得比自己真正的底线高一点，假如你想得到100元，那么你最好提出200元的要求，反之，如果你提出100元的要求，那你最多只能得到80元。因此，在谈判报价的时候，你要有一定的技巧，既要超出你的底线又要保证客户有继续谈判下去的兴趣和信心。让步的时候，要有目的、有技巧，不能使客户有“给一点压力就能获得一点让步”这样的想法。

知己知彼，百战百胜

谈判前，多搜集对方资料，可以在谈判中处于主动地位，使自己赢得这次谈判。

有一则流传至今的小故事，或许能够使我们对谈判技巧有所了解。

比利时的一间画廊里，传来激烈的争执声，原来是一位美国画商和一位印度画商在讨价还价。印度商人将每幅画的标价定在10~100美元，可是美国画商选中的三幅画却是个例外，每幅画高达250美元，比标出的价格高了几倍甚至十几倍。显然，这位美国画商对印度画商的这种敲竹杠的行为非常不满，他大声地反对，不愿意这样交易。正在他们争执的时候，那位印度画商突然站起来，抓住其中的一幅画，立刻点火烧掉了。见到自己喜欢的画被烧掉了，美国画商觉得很可惜，就问印度画商剩下的两幅画能不能便宜一点。可想而知，印度画商丝毫不让步，仍然坚持每幅画要250美元。美国画商仍觉得价格有点高，犹豫着不愿买下。于是，印度画商又抓起其中的一幅画烧掉了。看到这里，那位美国画商再也沉不住气了。因为他非常喜欢这些画，现在三幅画只剩下一幅了，再也不能被烧掉了。于是，他只好反过来低声下气地乞求印度画商不要烧掉最后一幅画，他不会讨价还价了，他愿意立刻按照印度商人的价格将它买下来。可是，印度商人说什么也不愿意按原价卖给他。本来250美元要卖的画，现在他把最后一幅画的价格提高到了500美元。可是，你知道吗？当时250美元都不愿意买的美国画商却不敢有任何异议，只好乖乖地付了钱。

俗话说：“知己知彼，百战不殆。”因为印度画商看准美国画商的心理，所以才会取得完美胜利。只有在谈判前充分准备，才能更好地看清自己、了解对方。看准谈判各方的关系，才能找到谈判的突破点，驶向成功的彼岸。

知己就是了解自己。了解自己的经营方式、所处的环境地位，这些外在条件在谈判中是很重要的。你只有对自己的产品熟悉，才能全面地分析自己所处的优势和劣势，正确地评估自己，然后才能满怀信心地坐在谈判桌前。可是在谈判中光是了解自己是不够的，还需要了解对方。在谈判前，通过各种途径了解对方，做到谈判的时候心中有数。印度画商正是抓住美国画商喜欢这些画的心理，才有敢于烧画、并以高价卖给美国画商的资本。如果他不了解美国画商的心理，他是不敢烧掉那两幅画的，美国画商输在了他的喜欢心理上。

在生活中，我们也会遇到过不少类似的事情。比如，你看中了一座特别喜欢的房子，非买不可。在卖家面前，你喜形于色，不断地强调你多么喜欢它。我敢保证，你将为此使用高于原价的价格购买下来。而事实上正是如此，对吧？因为你让对方知道了你的弱点，你的心里价位已经被对方捕捉到了。让我们来模拟一下当时的场景吧！假如，你看到这座房子之后，无论多么喜欢，你都会装作毫不在意。你在看的时候，一声不发，面对房屋主人的提问，你只是漫不经心地应答着。这样，对方就不会了解你的购买意图，在报价的时候，他已经有了一个心理准备。“他看起来不是很感兴趣，那么，我就把价格报低一些吧。”这样，你很快就可以达到你的预期心理价位。在谈判中，利用这一种攻心战术，可以尽快地达到你想要的结果。

02

第二章

明确谈判目的

提前做好方案

在每一次谈判中，谈判双方都会拿出一份谈判方案。你应该知道，第一次拿出来的方案，肯定是对自己最有利的那套方案。因为每个人在谈判中都想获得更多的利益。可是，等谈判结果出来后，你会发现最终的谈判方案肯定不是你当初拿出来的那套方案，而是经过谈判、切磋，在你和对方再三妥协下，才得出来的方案。

其实，双方在谈判的过程中，常常由于谈判的激烈，有时候会被对方带入误区而忘记自己当初的意愿。想要避免出现这种情况，在每一次谈判之前，我们应该多准备几套不同的方案，如果谈判的时候，对方不同意最先拿出来的那套方案，我们还可以拿出下一套方案。如果对方还是不满意，我们可以再拿出一套方案来。由于是自己定的方案，所以是对自己最有利。哪怕在谈判中，你不需要将这些方案拿出来，但是由于提前做了方案，你心中清楚，可以在什么时候让步、让步多少，在对方提出解决方案的时候，不会显得手忙脚乱、不知所措。同时，对于对手提出来的条件，你也可以大致预测到。

在谈判前要做好谈判方案，确定你要进行谈判的重要内容是什么，要明确在谈判中你要接受的标准和范围，以及进行谈判的期限和谈判参与人员的分工和职责。谈判内容可多可少，这个要看具体情况，而不同规模的谈判，其内容也是不同的。虽说谈判内容不同，但对谈判的要求都是一样的。一个好的谈判方案在内容上要简明扼要，使参与谈判的人员很容易地记住主要内容，以便他们在谈判中与对方沟通良好。谈判方案不但要简明扼要，还要与谈判内容结合起来。反之，会使人觉得谈判方案内容空洞、无力。谈判方案要有明确的目的和具体操作方法。由于变化会随时发生，所以谈判方案的制定要有一定的弹性。制订数个可以选择的方案，把所有可能发生的情况都列在计划中，如果确实遇到较大变动，我们可以尽快地拿出备选方案。

谈判不是一场简单的讨价还价的过程，它是双方的较量。在设计方案的时候，要把双方的性格特点和优势都考虑在内。在了解对方的基本情况后，还要考虑对方的实力及其他因素，这样谈判者可以自己确定是处于优势还是劣势，进而决定谈判策略，比如让步、打破僵局策略等。这样，你在谈判中就处于一个主动的地位，很容易取得谈判胜利。不可否认，很多人在进行谈判之前，不去准备方案，在谈判的时候会显得心有余而力不足。这样不仅将自己的缺点暴露，还使对方在谈判中占主导地位，在手忙脚乱中失去不少有利于自己的利益，这样的谈判无疑是失败的。

世界上最会谈判的商人可以说是犹太人。犹太人拥有聪明的头脑，总与“富有”联系在一起。全世界最有钱的企业家中，犹太人就占了一半；在美国的百万富翁中，其中三个人之中就有一个犹太人。我们来看看犹太人是如何进行谈判的吧！在谈判前，犹太人都是提前给自己做好谈判方案，他们会根据自己的利益规定一个最高和最低的谈判临界点。然后他们会在这个范围内，准备数套方案。这样在谈判的时候，双方就会有选择的余地，避免在谈判的时候出现不和谐的状况。在谈判之前，犹太人都会先了解对方的情况，提前知道对方的要求。这样在谈判的时候，就占了先机。他们认为做任何事情都要先准备充分，然后再开始去做。准备充分了，在谈判的时候他们就信心十足，自信使得他们的气场强大，使对手不由自主地按照他们的要求去做。我们应该学习他们的谈判精神，谈判之前也要多准备几套方案。只有做到心中有数，在谈判的时候，才能打个漂亮仗。

优化谈判方案

谈判的目的是为了双赢，在开始谈判之前，制订一份切实可行的谈判方案是很有必要的。这是一种非常高效的事前准备，没有其他的捷径可以替代。一般来说，越是艰难的谈判，准备工作做得越要充分。谈判方案做好之后，为了最终实现双赢的局面，还需要优化谈判方案。

除非你对对方的要求非常了解，而你对自己想要达到的目标也非常清楚，否则就很难达到双赢。谈判中最常见的一个错误就是一方死守着最初的谈判方案，对自己的方案不做任何改变和优化。其实，谈判人员一旦打开自己的谈判思路，并充分考虑分析不同的方案，就能想到许多新的可行方案，总有一个方案是最优的——不但能够满足对方的利益，也恰好能够满足你的利益。

假如你与一位非常精明而又固执的客户谈判，刚开始的谈判方案对那些额外的服务并没有考虑在内，为了这些额外的服务，你们希望增加20%的费用，可是现在这位客户却坚持要以原先约定的费用签订协议。如果你希望客户能够满意同时又能保证你的利益空间，那么，你就要优化你的谈判方案，你要通过询问自己一个简单的问题——“为什么”来明确自己优化方案的真正目的。“我为什么需要增加这部分费用？我希望解决什么问题？”也许你很难做到让对方多付20%的额外费用，但是你完全可以优化你的方案，比如，是否可以把某些必需的额外工作转给对方人员来完成？能否把项目延长到下一个年度，以便在下一年的预算中再来安排这笔额外的费用呢？可以把今年的利益减少吗？能否向客户展示一下，你所做的额外工作能够帮助他们节省的费用，然后你可以请对方用节省的这一部分资金支付你的额外工作呢？在优化方案的时候，参与谈判的人员事先需要充分考虑自己乐于接受的谈判标准，对市场价格、费用及技术等方面要有详细地准备。谈判中双方都希望按照预期设想的方案那样达成协议，一旦等到谈判进展不顺利的时候才想到应该多准备一些替代的优化方案，可这时已经晚了。因此，在谈判之前就要把你设计的谈判方案优化好，并确定最佳替代方案。制定最佳替代方案时，需要从以下三个方面来考虑：首先，需要考虑自己的利益，以自己的力量，能够做到什么。如果你是一个需求方，站在需求方的角度，最简单的选择就是找到另外一家供应商。反之，如果你站在销售商的角度，你就需要找到另外一位顾客。其次，要想让对方尊重你的利益，需要做哪些工作。第三，如何做才能让第三方加入到谈判中，以确保更好地满足自身的利益。

要想得到一个适合你的方案，就需要进行前期的筹划工作。如果你觉得你前期的准备方案还不是那么充实、完善，这时候，你就需要采取改进措施。比如，如果你们公司面临被收购或者被吞并的威胁，你就需要寻找善意的买家。你要牢记，人们往往很容易高估自己的准备方案。许多企业领导，在听取了某些自负律师的建议之后，就拒绝谈判，直接把纠纷带到了法庭上，到最后却发现自己处于非常糟糕的财务困境中。任何诉讼、罢工，都会让参与的双方认识到自己的方案并非原先想象的那样完美。如果事先知道方案并非完美无缺，那么就会加倍努力，争取达成协议。优化谈判方案不但能够了解对方，还有助于认识到所面临的挑战，优化方案的目的就是为了确保双方能够双赢。

谈判是双方互相协调的过程，在优化谈判方案的时候，要设身处地为别人着想，想要改变别人的思维和观点，就需要理解别人，从对方的观点出发，了解对方最关心的是什么。最佳的谈判方案能够使双方都满意。

提前演练谈判场景

正式谈判之前，我们可以提前演练谈判时候会发生的场景，使参加谈判的人员提前对谈判过程中的突发事件有个心理准备和适应过程，这样就不至于在谈判中控制不了谈判场景。

谈判场景的演练，是谈判准备工作的最后一个阶段。我们有必要举行一次演练，检验一下准备的方案是否适合，也能提前感受谈判桌上的气氛。

比如，家里的电脑出现了故障，你想要购置一台新电脑。你来到商场，看到电脑的真实价格，你会发现这比想象中的价格高出很多。这时，你心里会想：用什么样的办法把价格降下来呢？

你需要购买一处房产，可是房子的主人却告诉你，少了78万元绝对不会卖，但你只有60万元，那么你该如何与他讨价还价呢？

你想要出售你的那辆车子，因为自从买来后你几乎没怎么用过，而你的邻居恰恰需要购买。虽然他急用，不过看起来他并不想为此付出太多的金钱。在可能的情况下，你要为自己多争取一些利益。对于接下来的谈判你有哪些建议？

你是一位负责销售建材的经理。一天，你接到一家大型装潢公司采购部经理的电话，他希望与你商谈合作的具体事宜。他认为，一旦你们进行长期的合作，价格方面，你必须要给出最大的优惠。你也知道，这是一笔难得的好生意，当与他进行商谈的时候，你该怎么做？

事实证明，提前演练谈判场景是很有必要的，这样可以使参与谈判者获得一定的谈判经验，提高参与者分析问题和解决问题的能力，在心理准备和临场发挥上也是有所帮助的。谈判者可以一次又一次地扮演自己或对手，能很快地熟悉实际谈判中每一个环节，特别是对于首次参加谈判的人员来说，效果更加明显。具体做法很容易，参与谈判的人员分成两个小组，一组代表自己团队，一组代表对方团队，两组团队的工作人员要互相扮演好自己的角色。演练过程中提出正式谈判中可能会遇到的所有假设性问题，代表对方的那一组一定要站在对方的立场看待问题，用对方的观点来反驳自己的方案，按照对方的需求进行谈判。

美国著名企业家维克多金姆曾经说过这样的话：任何成功的谈判，从一开始就必须站在对方的立场来看问题。事实的确如此，谈判人员角度互换可以使他们在了解对方的同时更加地了解自己。他给参与谈判的人员提供了一次认识自己分析自己的机会，站在别人的立场上能够比较客观地检验谈判方案的不足，意识到谈判中的失误，并及时做出调整。比如，你使用的地方方言，或者是你的习惯性动作，是不是给对方造成了压力和误解等。

在临场发挥上，因为具有独立思考和分析问题，从而使在正式谈判中，能够快速做出反应。由于在演练过程中，参与谈判的人员可以一次次地扮演自己和对方，对整个谈判流程都非常了解和熟悉。特别是初次参加谈判的人员，收益是非常大的，不但消除了紧张感，还获得了宝贵的经验。

在谈判中，双方往往会因为产生误解而浪费大量的时间，在演练的时候，对于假设性的问题要提高准确度，尽量向现实靠拢。要那些有谈判经验的人做出假设，他们身经百战，有一定的经验，提出的假设比较有代表性，更能接近事实。拟定的假设性问题越全面越好，实际谈判中遇到的问题就会越大，准确度也会提高。

在进行谈判场景演练的时候，注意以下几点：

1. 谈判方案是否可行

谈判方案是由参与谈判的小组成员共同制定的，是对谈判中将要发生的情景的一种大致猜想，本身会有一定的误差，谈判桌上会发生哪些意外是大家都无法预料的，它取决于参与谈判的人员。谈判方案肯定会有不足之处和漏洞。事实上，谈判方案是否可行，只有在进行谈判的时候才能得到验证，不过，等到了谈判桌上发现问题，往往已经晚了。因此，为了避免出现问题，我们需要验证谈判方案。检查方案中存在的问题和不足之处，及时调整，优化谈判方案。

2. 提高谈判人员的谈判能力

由于演练谈判场景的时候，谈判对手是由自己的人员扮演的，因此对自己的方案非常了解，站在对方的立场上看问题就会发现方案中的不足之处。能够站在对方的立场进行换位思考，对参与谈判的人员来说，是一次了解自己的机会。

3. 演练谈判的内容

为了能够更好地发现问题，可以提前进行一次谈判内容的演练，谈判内容的选择与确定，具有针对性。要对双方容易误解的问题进行假设，不过，参与谈判的人员必须牢记，不要把这种假设运用到现实的谈判中，这只是你们的一种推测，至于现实谈判中会不会遇到还不一定，所以，千万不要把假设性的问题看成是一定会出现的问题而较真，这种做法是得不偿失的。

在演练谈判场景时，我们要演练谈判的方式。

谈判的方式主要有下面两种方式：

1. 谈判小组的选择。可以将参与谈判的人员分成两组，一组作为自己这一方的谈判代表，一组作为对方的谈判代表。两个小组的人员可以互换角色，这样可以全面验证谈判方案是否合适，可以事先了解具体的谈判环节。

2. 扮演对方的一个高手。可以要其中的一位成员扮演对方，进行一场模拟谈判，这样做的好处是可以针对某些条件修改或者增加相应的谈判方案，也可以提前认识到谈判中可能会出现的问题。

提前演练谈判场景的目的就是及时发现问题，提出问题，做出总结，想好对策，进一步完善谈判方案。因此，演练完毕的总结是很重要的。

进行总结要注意以下几个方面：一是对方的谈判风格和谈判观点；二是对方会提出哪些不一致的看法和解决问题的方式；三是要找到自己的不足并及时更改方案；四是谈判双方各自的心理价位和能够接受的条件；还有最重要的一条，当谈判陷入僵局的时候，需要采用的应对策略。基于谈判过程中涉及的方方面面，我们必须做好准备，及时调整方案，使谈判准备工作尽量做到完善。

也许你刚刚踏入社会，对未来的谈判充满不安，在与对手进行谈判之前你可以提前演练即将出现的谈判场景，减少你在真正谈判中的判断的失误，避免陷入谈判的陷阱，这样在对手面前，你就是一个谈判高手。对手不敢轻易刁难你，从而更快地取得谈判的胜利。

无论是大到几亿元的企业并购还是小到一枚螺丝的差价，对于谈判双方来说都是一种挑战。不管你同意与否，你都已经进入到谈判的残酷当中。也许你曾经身经百战，有过无数成功的案例。但是，你还是需要演练一下谈判场景，有助于静下心来总结经验，发现谈判的规律和节奏。

03

| 第三章 |

谈判中语言策略

设计好的谈判开场白

谈判中，如何开场是一件十分费脑筋的事情。好的开场白，几秒钟之内就能引起对方的注意，使对方专注地听你讲解。开场白需要直截了当和简洁有力，可是，我们如何知道开场白的好坏呢？通常情况下，好的开场白有它的判定标准：功效的发挥和气氛的形成。谈判双方假如是第一次见面，那么就有必要聊一些谈判之外的话题，互相介绍一下自己。这时候，能否获得对方的好感往往取决于你留给对方的第一印象。你的言行、举止、风度、气质都会是对方评价你的依据，因此，第一印象决定了对方是否对你有好感，是否喜欢并愿意和你交谈下去。

你该如何给对方留下好的第一印象呢？这和你的开场白有直接的联系。谈判高手总会给人留下非常美妙的第一印象。他一出场就光芒四射，是众人瞩目的焦点，好像大家都是为他而来的，他身上的这种吸引人的气场会带动我们的思维，有他在的时候，谈判就是一种享受。即使是在谈判后期，双方意见出现不一致的时候，你也紧张不起来。因为他会调节整个谈判气氛，使你感觉他是一个天生的救世主，他是为了解决你的难题而来的。他尊重、信任你，在意见出现分歧的时候，他能够谅解你的坚持，他给你的感觉是他会帮你争取你想要争取的，该让步时他也会让步，最后，你们实现了双赢的局面。

那么，谈判高手是如何做到这一点的呢?

一个谈判高手，他懂得在谈判中运用自身的魅力，将谈判气氛发挥到最佳，在一个愉快的谈判环境中进行谈判。

我们来看看约翰是如何进行他的谈判的。

约翰是一个幽默风趣的人，他是一家商店的店员。一天上午，来了一位女客人，不过看起来情况很不妙，因为这位客人一出现就气势汹汹，她看到约翰之后，就开始了大声嚷嚷着质问约翰：“你们商店怎么这么欺骗顾客呢？”这突如其来地指责把约翰给搞糊涂了——他实在不清楚这位女士发怒的原因。在约翰热情地询问下，这位怒气冲冲的女士讲述了事情的经过：原来，她十岁的儿子来约翰的店铺买东西，孩子把拿的钱花完了，可是却没有买到相应多的东西。这位女士的第一念头就是约翰所在的店铺欺骗她儿子了。弄清了事情的原委之后，约翰微笑着告诉这位女士：“你有没有称量一下你儿子的体重，看看他是不是变重了？”听到约翰幽默的话，这位女士明白是她的儿子偷吃了买的食品。这位女士很不好意思地道歉，并解释说自己没有弄清楚原因就来兴师问罪，有点鲁莽了。

约翰简单的几句幽默话就化解了一场纠纷，由此可见开场白的重要性。假设约翰直接说，我们店铺可没有欺骗客户，一定是你的儿子偷吃了。那么，我相信那位女士一定不会承认是自己儿子的错，她还会继续争执下去的。

从心理学的角度分析，好的开场白能够快速地创造一个融洽的谈判环境，是谈判得以顺利进行的基础，而谈判的气氛往往是在双方开始会谈的一瞬间就形成了。谈判者如何开场，怎么设计开场白是十分重要的。因为它关系到整个谈判气氛是和谐还是紧张，是轻松愉快还是沉闷、压抑，是活跃顺畅还是艰难无比。

营造和谐的谈判氛围

多年的谈判经验使我得出一个结论：谈判氛围是可以影响谈判最终结果的一个因素。你可能会问我："谈判氛围怎么能够影响谈判结果呢？和谐的氛围真的有这么重要吗？"其实，谈判氛围和谈判者本身看似没有关系，实则关联很大，从人的心理角度来说，完全可以影响到谈判者的心情。甚至可以说，对谈判者的心理影响还非常大。很多时候，谈判者需要到不熟悉的环境中进行谈判，从心理上来说，去的一方处于弱势。陌生的环境会使人感到紧张和不安，这种情绪一旦出现，脑海中就会启动自动保护系统，而营造一个和谐的谈判氛围，就可以消除这种紧张和不适应的感觉，从而焕发出自信，在谈判时能够轻松自如地发挥自己的优势，使谈判顺利进行。

在大家的印象中，谈判是一件十分严肃的事。谈判双方站在各自的立场上，为争取各自的利益争执不下，甚至大打出手。如果这样想，你已经走进了一个谈判的误区，谁说谈判者就一定必须板起面孔？谁说谈判场合就一定是死气沉沉、闷不可言，总给人一种压抑的感觉？不，不是你想的那样。如果真是这样，那么，我只能说你的谈判一定会有一个糟糕的后果。事实上，谈判也可以是轻松愉快的。轻松和谐的气氛不但能缓解谈判人员的紧张情绪，也能激发参与谈判人员的想象空间。在良好的谈判氛围中，谈判者更容易被理解、被尊重。反之，沉闷无趣的谈判环境，只会滋生猜忌和隔阂。因而，谈判中能不能营造一个好的谈判气氛，是谈判成败的关键。现在，我们来看看英国首相丘吉尔是如何营造和谐的谈判气氛的。

一次谈判中，丘吉尔和法国总统戴高乐在对叙利亚问题的解决上存在不一致的看法，这直接导致了两人之间的矛盾，使得他们心存芥蒂。其原因是因为戴高乐宣布逮捕了丘吉尔非常看重的一个人物——布瓦松总督，想要解决这一件棘手的事情，不是那么容易。因此，需要丘吉尔和戴高乐见面会谈。可是，丘吉尔的法语讲得不是很好，而戴高乐的英语却说的非常流利。当时，戴高乐的随行和丘吉尔的随行都知道这个情况。于是，在他们会谈的这一天，丘吉尔是用他蹩脚的法语开场了："女士们，请先去逛市场，戴高乐、其他的先生跟我去花园聊天。"说完这些话之后，他大声地对随行说，"我的法语说的还不错吧？戴高乐将军英语说得那么好，他完全可以理解我的法语的。"丘吉尔的话还没说完，戴高乐及众人哄堂大笑。丘吉尔的这番幽默不但消除了谈判双方的紧张情绪，还给大家营造了一个和谐的轻松气氛，在这种氛围中，大家愿意开心地交谈下去。最后达成了双赢的谈判效果。

营造一个和谐的氛围并不难，只要你用心，就能够轻松地把谈判话题引入，在必要的时候，你可以运用幽默的语言来调节紧张地谈判气氛，使参与谈判的人员绷得太紧的神经松弛一下。

说起丘吉尔，就不得不提他与罗斯福的那次谈判。二战期间，丘吉尔不得不来到华盛顿，与罗斯福进行谈判：因为他们缺少武器，他需要罗斯福提供军需物资方面的帮助。次日凌晨，当丘吉尔抽着大号雪茄，躺在浴盆里沉思的时候，罗斯福突然推门进来了。面对这个意外，赤身裸体，大腹便便的丘吉尔并没有慌乱，他甚至还发现自己的大肚子还露出了水面，这样的情形使得两人不禁一愣。正在这个尴尬的时刻，幽默的丘吉尔微微一笑，对罗斯福说："总统先生，大英帝国的首相对你可真没有半点隐瞒！"说完，两人哈哈大笑起来。丘吉尔不但为自己解了围，还营造了一个和谐的谈判气氛，使人不得不佩服他的机智。这一刻，所有的人都忘记了战争和灾难，开始了他们之间真诚地合作。当然，这次谈判非常成功。

谈判气氛的形成往往是在双方人员刚开始接触的那一瞬间形成的。所以，在参加谈判的时候，要注意你的表情，你的一举一动都会对谈判气氛产生重要的影响。谈判高手给人的感觉总是那么精力充沛、轻松愉快。谈判开始的时候，选择的话题最好是礼节性的、双方感兴趣的轻松话题，千万不要在谈判还没真正开始，就已经进入到实质性地谈判，这样的谈判效果不好。我们应该多花一些时间去观察对方，只有在相互信赖的基础上才会出现和谐的气氛。

我们如何做才能营造和谐的谈判氛围呢？营造和谐的谈判氛围，我觉得可以从以下两个方面来考虑：

1. 在谈判开始阶段，要给每个参加谈判的人员留有发言的机会，在他们发言的时候，需要认真倾听，不要打断对方的发言。如果能够选择对方希望的谈判方式最好。总之，在谈判的时候，语言一定要简洁，还要乐于接受对方的意见。

2. 在谈判中，要记住谈判的目的是互惠，为了达到这一目的，谈判时不要直接进入主题。多花费一些心思，在足够的时间内调整好谈判气氛，用心观察每个人的表情、以此来判断他们的心情，了解谈判者的特点，根据不同特点，选择不同的应对方法。由此可见，谈判中和谐的气氛，是谈判顺利进行下去的首要条件。

不为自己的错误辩解

无论是多么聪明能干的人也会有犯错的时候，当错误出现时，你的第一反应是什么？是急于解释你犯错误的原因还是赶快去弥补你的失误？在现实生活中，有不少人喜欢一再解释自己犯错的原因，这是最愚蠢的做法，只有愚蠢的人才会尽力为自己的错误辩解。多数聪明的人都会选择这样去做——勇于承担错误，并为之而改正。特别是在谈判中，当你犯了错之后，更不能为自己辩解。

画家弗迪南德·沃伦曾经经历过这样一件事。一次，一位出版社的编辑希望他能够短时间内创作一幅画。当弗迪南德·沃伦抓紧时间把画画好之后，这位编辑对弗迪南德·沃伦的这幅画很不满意，他希望弗迪南德·沃伦能够解释一下为什么要这样画而不是按照要求那样画。弗迪南德·沃伦并没有为自己辩解，而是诚恳地进行了自我批评，他说："如果这幅画确实像你所说的那样错了，我没有任何为自己辩解的理由。我承认我的错误，我很内疚，这么久以来为你创作画却发生了这样的错误，真的很不应该。"可是，接着发生了令他感到吃惊的事情，那位编辑竟然为他开脱责任："您说得对，但是请不要这么自责，事情也许并没有看起来这样糟糕。这也许并不是什么严重的错误，只是……"

弗迪南德·沃伦立刻打断了这位编辑的话："任何错误都要付出代价，我犯了错误，自然会惹人生气，这是很正常的。"那位编辑看起来想要说明什么，但弗迪南德·沃伦没让他说，反而自我批评一番。"我再仔细些就好了，您长期约我作画，你有权要求我把画画好，我重新画一幅。""不，不。我并没有要你重新画的意思。"接着这位编辑夸赞了一番作品，表示他只是希望弗迪南德·沃伦做些修改而已，又说这一点小失误对出版社的声誉没什么影响，反过来劝他不要内疚。你看，正是由于弗迪南德·沃伦不为自己而辩解，出版社编辑不但没有与他争吵，还请他一起吃饭。分别的时候，这位编辑给了弗迪南德·沃伦一张支票还约好另外的一幅画。

在谈判中，当你意识到你有不对的地方，要赶快向对方讲出来。不要为自己的错误辩解。你要相信，只要你说出来，他就会宽宏大度地原谅你，而不会计较你的过错，就像那位编辑对待弗迪南德·沃伦一样。

戴尔是一家贸易公司的市场部经理，在他任职期间，曾犯了一个严重的错误。有一次，他没有仔细调查研究，就批复了一个职员的报告，这是一份为纽约的一个公司生产5万部高档相机的报告。可是，等到产品生产出来准备报关的时候，却发现了一个严重的问题，那个职员早就已经被“猎头”公司挖走了，这批货如果运到纽约，下场肯定是无影无踪，自然也拿不到任何的货款。戴尔一个人在办公室里焦虑不安，一时想不出补救的对策。正在他为难的时候，老板走过来，看到他脸色很差，就想询问出了什么事，还没等老板开口，戴尔主动对老板坦诚地讲述了这一切，并主动承认自己的错误：“这是我工作上的严重失误，相信我，我一定会尽最大努力挽回损失。”老板被戴尔这种坦诚和敢于承担责任的勇气打动了，不仅答应了戴尔的请求，还专门拨出一笔款让戴尔到纽约去进行实地考察。经过不懈努力，戴尔和另外一家公司达成了协议。一个月后，这批照相机以更高的价格转让出去。戴尔的努力没有白费，他得到了老板的信任和奖励。

有些谈判人员在工作出现错误时，为自己找来一大堆理由进行辩解，而且说得头头是道，他们认为这样就能够把自己所犯的错误掩盖起来，可以把责任推的干干净净。其实，事实并非如此。也许对方会原谅你，但他心中一定会对你产生不好的印象，你越是为自己辩解，越解决不了问题。戴尔勇于承担错误，得到了老板的谅解和尊重，最后还获得了老板的信任。

松下幸之助说过这样一句话：“偶尔犯了错误无可厚非，但从对待错误的态度上，我们可看清楚一个人的责任感。”的确如此，那些能够正视自己的错误，并及时改正的人才是最受组织欢迎的人。

人们通常愿意对那些好的事情负责，不愿意对那些出了差错的事情负责。这是人的本性使然，因为大多数人对于承认错误怀有恐惧感，他们认为承认错误就意味着接受惩罚。其实，面对错误勇于承担责任，从错误中吸取教训，更能赢得别人的尊重。

美国心理学家卡耐基到公园散步的时候，常常带着他的小猎狗。由于很少碰到人，在再加上这条小猎狗非常友善，不会伤害到人，所以，他常常不给小猎狗带狗链或戴口罩。

有一天，他在公园里遇到一位骑马的警察，警察看到小猎狗，严厉地问道：“先生，为什么你不给你的小狗带链子、戴口罩就跑来跑去，难道你不知道这是违法的吗？”

卡耐基小声地说：“我知道，不过，我认为它不至于会在这儿咬人。”

“法律可是不管你怎么认为的。再说，你的小狗可能会在这里咬伤小孩或者小动物。这次我就不追究了，就这样算了，不过，假如下次再被我碰上，你就必须跟法官解释了。”

可是小狗不喜欢戴，出于对小狗的宠爱，卡耐基也没给小猎狗戴。一天下午，正当他和小猎狗在一座小山坡上赛跑的时候，突然又看见了上次的那位警察，他正骑在一匹红棕色的马上。

这下完了！卡耐基心想。这如何是好呢，我犯了错误，就要勇于承认。不等警察开口，他就开始道歉：“先生，我有罪，你上星期就警告过我，要是再不给小狗带链子或者戴口罩就罚我。”

可是，警察这次却很温柔地说：“好说，好说。我知道谁都忍不住要带如此可爱的小狗出来溜达，特别是在没人的时候。”

卡耐基微笑着说："确实忍不住，可是我已经触犯了法律。"警察听到卡耐基这样自责，反过来安慰他："哦，先生，你大概把事情看得太严重了。不如这样吧，你只要让它跑到我看不见的地方，事情就算了。"

你看，由于卡耐基承认了自己的错误，不为自己的错误辩解，受到了警察的尊重，而对他网开一面。

事实上，谈判中也正是如此。当你做错事情，或者说错话的时候，只要勇敢地承认自己的错误，不为自己的错误做无谓的辩解，就可以得到对方的宽宏大量，使原本陷入僵局中复杂的问题变得简单化。对方也会退一步，给你一次机会，在你们双方诚恳的态度下，获得谈判的胜利。

把握谈判中的陈述技巧

在谈判中，一方向另一方介绍自己的基本情况或者阐述自己的观点，这是陈述。陈述在谈判中占有一定地位，是谈判策略中的一种重要的技巧。谈判中的主要内容就是陈述，陈述是实现谈判目的的重要手段。谈判中的陈述和我们说的陈述有很多相似之处，但是也有它自己的一些特征。谈判中正确运用陈述技巧，不仅能够快速准确地说明谈判的主要问题和要求，而且针对性强。它要求谈判双方能够直接解决某个问题。正是因为这样，谈判人员更需要具有高超的陈述技巧。谈判者要语言清晰，思路明确地把自己的想法表达出来，还要能够吸引对方，满足对方的需求。

一个没有掌握好陈述技巧的谈判者在谈判中很难获得成功。一般情况下，他获得的会有两种结局：一种是谈判成功了，但是条件却对他很不利；另一种就是谈判失败。其实，导致这两种结果的绝大部分原因是，他没有清楚地表达出自己的想法，更没有说服对方满足自己的需求。

谈判中的陈述要注意以下几点：

1. 坦诚。许多谈判人员在谈判中闪烁其词，给人的感觉就是不够坦诚，不够真实。这种不真实的感觉会直接影响谈判的气氛。假如你是一名销售员，在与对方进行谈判的时候，你要清晰地表明你的想法和需求。只有这样，对方才会知道你的想法，才能满足你的要求。你也要把对方想要了解得告诉他，这样你才能得到对方的信任，你和对方进行的这种陈述的交流在很大程度上使你们互相了解，并最终达成一致。当然，你只是需要在一定程度上坦诚相对，在某些时候，坦诚可能会被对方利用。

2. 简洁。谈判中，往往时间都很紧迫，没有足够的时间来让你进行长篇大论，你需要做的就是尽量使你的语言简洁明了。你们需要尽快地找到一个明确解决问题的方案，不要使用过多的论据和技巧。你这样做只会让你的对手认为你是在说废话，无法抓住你的重点。事实证明，大多数谈判者对那些虚伪夸张的字句很反感，他们会在谈判的过程中显现出不耐烦。所以在谈判中，你要直奔主题，进行合理的解释和说明就足够了。

3. 语调和语速。由于很多谈判人员急于表达自己的观点，为了说服别人同意自己的观点，他们就非常急促地说话，语调和语速非常快，也不管对方是否听得明白。还有一些谈判者总是希望可以用气势来赢得谈判的成功。其实，这是一种错误的方式，这样做的后果，将会导致对方沉默，但是绝对不会同意他的观点。可想而知，谈判结果是多么的糟糕。因此，在谈判中，千万不要试图用咄咄逼人的气势去压倒对方，最好运用温和的语气，平和的语调。注意语速不要过快，只要对方能够听清楚就可以了。

4. 专业术语。在谈判中，为了表明你有实力，可以适当运用一些专业术语。记住，在使用专业术语时，要给对方解释清楚，否则只会适得其反。不要理所当然地认为对方应该懂得你说的专业名词。事实上，有些谈判，参与谈判的人员不一定是专业人员，大多是业务人员。在谈判中，你需要恰当处理你所运用的专业术语。比如，你可以询问对方能不能听懂你的意思，或者干脆对他们进行简单的说明，这样效果会好很多。

谈判中的语言陈述技巧：

1. 缓冲语言。在谈判中，可以运用缓冲语言使自己的观点和想法被对方所接受。哪怕是对方暂时接受不了，也可以改变对方的一些看法。比如，你可以这样告诉对方："确实，你的观点听起来不错，有一定的道理，不过，我有这样的一些想法，不知道对不对……"你这样说，既没有明确指出对方的观点是错误的，也没有维护自己观点的意思，你只是以商量的语气来表达你的想法。对方的观点得到了一定程度的肯定，所以他不会对你产生不好的印象，这样他就不会对你的观点产生抵抗情绪。因而也更加容易接受你的观点，最起码能够与你一起心平气和地进行讨论。

2. 解围语言。当谈判陷入僵局，似乎马上就要破裂的时候，谈判双方出现了难以调和的矛盾和冲突。有一种情况是所有谈判者都不愿意看到的，这是谈判中最不想发生的情形，谈判双方好像是站在了相互对立的一面，气氛顿时变得紧张起来，双方都陷入了尴尬的境地。该如何化解这一矛盾呢？这时候，就需要运用到解围语言。比如，你可以这样说："我认为这情景很不妙，假如我们继续下去，结果可能对谁都不利。"你直接指出了事情正朝着危险的境地发展，相信对方也一定意识到了，他也不希望看到两败俱伤的局面，你也表达出了你的诚意，你希望谈判能够出现双赢的局面，大多数情况下，气氛会变得好起来。你们双方更有机会达成双赢的谈判。

3. 弹性语言。谈判中，不同的人需要说不同的话，这不是要求你改变你说话的内容，而是需要你改变说话的态度和技巧。如果对方举止优雅，谈吐不凡，礼貌大方，那么你也要尽可能使自己变得文雅有修养；假如对方憨厚，说话直接，语言简洁，那么你也不要运用那些高雅的词汇了，你要尽可能给他一个淳朴，憨厚的印象，尽快缩短你们之间的心理距离。这样便于你们交谈，增加彼此的感情。

4. 肯定语言。哪怕对方说出一些非常愚蠢的话，你也不要直接去反驳或者指出来。你要忽视他愚蠢的一面，及时发现他的正确的语言，给予肯定的答复。如果是你，你希望对方指出你的错误的观点吗？答案是否定的。你更要注意的是，千万不要在谈判结束的时候说一些否定性的话，你的否定只会使谈判陷入不愉快的结局，对你们以后的交流产生重大的影响。在谈判结束的时候，你应该说些赞美的话，你要告诉对方，通过与他谈判，你受益匪浅，你会永远记住他的。

在谈判中应该适当地提问

适当地提问在谈判中占有很重要的地位。这是我们了解对方、获取对方信息、促进谈判交流的一个重要方式。善于提问的人，在整个谈判中掌握着整个交谈进程，还能控制谈判方向，也可以打开对方话匣、走进对方心里、获得对方的好感。

在谈判中，如何提问才最恰当呢？

首先，我们要把握住提问的好时机。对于何时提问，有以下几个方面的要求。

一是当对方正在阐述问题的时候不要提问，打断对方的讲话是很不礼貌的。

二是提问的时候要客观，不要片面地对单一的问题进行暗示，不要表明自己的立场。比如：有些领导喜欢开会的时候，一开始就这样说："对于这个问题，我们的看法是……原则上我们的立场是这样的……你们的想法如何？""这个提议基本上就是这样，不需要再做什么变动了。请问大家还有什么想要说的建议？""我们几个领导已经讨论过了，基本上已经达成了统一，那么各位还有什么需要说明的？"这种带有条件的提问，给人的感觉是非常虚伪和霸道的。既然领导都已经决定了，那么自己还表什么态啊，没有任何实质的意义。

三是在谈判比较激烈的场合可采用试探性提问。直接提问对方，了解对方的意图，很有可能遭到对方的拒绝。当你说："我不是很确定您的意思，您说……您是这个意思吗？"如果，对方给你的是肯定或者否定的答案，你可以直接问："如果是这样的原因，那么您为什么不同意呢？"

四是提问之前，重要的问题要提前准备好，并想好对方可能给出的几种答案，以及这些答案的应对之策。

其次，提问的时候要因人而异，并分清提问场合，提出恰当的问题。谈判是公开的还是秘密的，谈判的内容是关于个人还是关于单位的，这些都可以影响到你在谈判中的提问方式。谈判时提出的问题要恰到好处，一针见血，不要提与本次谈判无关的问题。如果对方给出的答案是肯定的，你可以说："如果是这样的话，为什么您不同意这个对你有利的条件呢？"在谈判中，也许你对某个问题产生了怀疑，你可以用提问的方式引导对方把你的疑惑说出来。然后找到合适的、有针对性的答案。在提问问题的时候，你尽量自己进行思考。而且，要避免有歧义、使对方不知道如何回答的问题。

再次，要选用恰当的方式。提问的方式不同，哪怕是同样的问题，得到的答案也是不一样的。因此，谈判的时候，提问的方式也是不可忽视的一个方面。

一位信徒在祈祷的时候，突然想抽烟。于是问牧师："我可以在祈祷的时候抽烟吗？"牧师严肃地回答说："当然不行。祈祷的时候是非常严肃的事情，怎么可以在这么正式的场合吸烟呢？"信徒遵守牧师的告诫，没有抽烟。可是，过了一段时间，信徒却发现在祈祷的时候，另外一个信徒一边祷告一边吸烟。令人吃惊的是，那位牧师却未禁止。原来，这位信徒是这样问牧师的："我可以在吸烟的时候进行祷告吗？"牧师很高兴地回答说："当然可以了。"

同样的问题，却得到不同的回答，原因就在于提问的方式不同。

最后，在提问时，你要避免陷入被动。比如：当你提出你的谈判方案，对方还没有接受的时候，你最好不要接着提问。当你说出"那你们还想怎么样"这句话的时候，已经给了对方一个讲条件的暗示，这时，你已经陷入了被动的局面。你要考虑提问对象的特点：假如对方比较坦率，你的提问一定要简洁；假如对方是个喜欢抬杠、爱挑剔的人，那么你的提问就要周密，有个万全之策；假如对方是个害羞的人，你的提问就要含蓄，等等，你要根据对方的特点进行提问。如果对方问："你觉得这个方案如何，你同意吗？"如果时机不成熟，条件不允许，你可以委婉地说："我正在考虑呢？不过关于付款方式，我想能不能加上……”这样一来，你既避开了对方的问话，同时又把对方的思路带到你的话题上来。假如对方这样问你：“你们报价多少？”你不要马上回答，可以找借口或者装糊涂，谈论一些别的问题。比如产品质量如何，具体交货日期如何，把话题引到你的提问上，等到时机成熟再回答。这样效果会更加理想。

在谈判中，对方要是因为你的提问而显得局促不安有压力，那么，主要原因就在于你的提问方式。也许是你的提问策略没有掌握好。比如：谈判中，你这样说：“你们报出的价格如此高，我们能接受吗？”你隐藏的意思是价格太高，要是不降价，就没什么好谈判的了。如果换个方式来表达你的意思：“你们开出的价格高出我们预算太多。请问，还有商量的空间吗？”非常明显，后面的提问效果更好，缓和了双方的紧张气氛。

不但在谈判中如此，在我们的日常生活中也常常这样。你可以通过这样的方式与对方沟通，通过提问，你尽可能地弄清对方的真实想法，只有这样，你才可以在谈判中发挥最大才智。

特别是在商务谈判中，更要注意提问的技巧。一是提高问话的质量，明确自己提问的目的。提问的人要知道自己为什么提问，如果你想要对方直接回答你，那么你也要直接问对方。比如：你们的运费如何计算？是按吨计算还是按交易次数计算。由于大多数人的提问只是一句话，因此，一定要用词准确、简练，不要含含糊糊，给人造成不必要的误解。因此，在措词上一定要慎重，不能刺伤对方、为难对方。不要用容易使对方陷入尴尬的词语，这样会引起对方的担忧和焦虑，即使你是决定谈判结果的人也不要彰显自己的优越感。你可以在提问问题的时候解释一下你的理由，这样可以避免很多麻烦。当你表现出咄咄逼人的气势时，你的提问就会产生相反的效果。

提问之前的准备工作也是有必要的。在提问之前，你要思考：我打算问什么，对方会有什么样的反应，这次提问能否达到我的目的吗，等等。

一次交易中，买卖双方进行了这样的对话：

卖方：“看起来，你似乎对我们公司的洗衣机不是很满意。我可以问问，是什么原因吗？”

买方：“哦，是这样的，我不是很喜欢你们公司这款洗衣机的外观，它看起来是那么得不结实。”

卖方：“你真厉害，确实如此。因为这是样机，是我们做的一个实验，还没有投入到生产线大批生产，要是我们在生产的时候，能够改变这款洗衣机的外观和造型，做到能够防止水的腐蚀，你看，你是否会满意？”

买方：“不错。不过，我有一个担心，是不是交货时间会延迟很多？”

卖方：“如果我们尽量缩短交货日期，按照你要求的期限交货，你能马上签字吗？”

买方：“这个不是问题，完全可以。”

在这次成功的谈判中，卖方的恰当提问，最终达成了这次交易。可以看出来，恰当的提问是很重要的。在严肃的谈判过程中，谈判高手能够很娴熟地运用这一技巧，牢牢地控制谈判的方向，掌握谈判的主动权，促成谈判的最终胜利。

掌握谈判中的应答技巧

我们的生活离不开问答，在谈判中也是如此。想要有针对性地回答对方提出的问题，的确不是一件容易的事情。我们不但要根据对方的提问来回答，还要给提问者一个比较满意的答复。

那么，在谈判中，应该如何回答对方提出的问题呢？根据对方的提问，你可以有以下几种答复：

1. 给自己留下足够多的思考时间

在回答对方的问题之前，你要给自己留下足够多的时间进行思考，因为思考的时间越长，你给出的回答对你越有利，这是对方最不愿意看到的。所以，通常情况下，在谈判中，对方是不会给你留下充分的思考时间。在对方催促你的时候，你可以告诉他你需要一些时间进行思考，这样他就不好意思催促你了。在面对对方的提问时，你要给自己留有足够多的思考时间，弄清他的意图，然后在决定回答的方式和范围，以及回答之后，对方的反映如何。只有考虑周详，才能从容应答，否则，很容易就会掉入对方预先设下的陷阱而陷于被动。当对方提出问题之后，你调整一下坐姿，当然也可以挪动一下椅子，接着喝口水，甚至可以整理一下桌子上的资料或是翻一翻笔记本，你可以借助这样非常自然的动作来给自己争取足够多的时间。

2. 转移话题

比如，在谈判中，对方会直接问你的底线。当对方流露出喜欢你的产品，问你产品的最低价格的时候，你要如何回答呢？是直接把产品的价格告诉他还是这样回答他：“我们产品的价格会令人满意的，请允许我先简单地把它的性能给你介绍一下，好吗？我相信你会喜欢这件产品的……”对于底线这样的敏感问题，你肯定不想直接告诉他答案，因为你清楚地知道，一旦告诉他你的底线，你就等于失去了继续谈下去的资格。这时候，你就必须转移话题。可以看出来，要是你直接回答了他的问题之后，你们双方会陷入了一个小的冷场，你不好在继续追着询问了。转移话题不但回答了客户的提问，又给自己留有一定的余地。

大多数情况下，你可以先说明一件类似的情况，再转回正题；或者，利用反问把重点转移。例如："是的，我也想到了这个问题，我就知道你会这样问，我会给你一个满意的答案。不过，在我回答之前，请先允许我提一个问题。"要是客户对你的答案还是不满意，你试着这样回答他："的确，你的想法也许是正确的，可是，你能告诉我，你的理由是什么吗？"或者你这样回答他："那么，你的答案是是什么呢？你心中希望我怎么解释这件事呢？"提问者一旦发现应答者存在的漏洞，就会继续追问下去。所以，在你应答对方问题的时候，不要给他继续提问的机会。想要做到这一点，你可以找借口说这个问题无法回答，这是一种避免正面回答的好办法。

3. 答案要模糊，不要彻底回答

对不得不回答的问题，可是却又很难回答，你可以使用模糊的答案，给对方不确定的回答。比如，对方这样问你："那么，最低价格是多少呢？"你可以回答："不会高于你能承受的价格。"你给自己的答案留有余地，很巧妙地回答了问题又没有陷入被动。你应聘进行面试的时候，工作人员问你："你期望你的月薪是多少？"你不能给出一个准确的数字，3500美元或者4500美元。但是，你可以这样说："我希望在3500～4500美元之间。"而对方内心想给你薪水很可能就在这两者之间，这符合他的心理预期。

4. 对于一些比较敏感的话题，避重就轻，拖延时间

比如，对方问："你们打算出价多少？"你觉得时机不成熟，就不要马上回答。可以找借口谈别的，或者答非所问地谈论一下产品的质量，交货期限等，等到时机成熟了再谈价格，这样的谈判效果会更

好。当对方要求你立刻回答你不想回答的问题时："什么时候，你可以回答这个问题呢？"你可以拖延回答的时间，不用马上回答。比如，你这样回答："我认为，现在还不是回答这个问题的最佳时候。""对你提出的问题，我没有第一手的资料来做答复，我想，你是希望我为你做详尽而圆满的答复的，但需要时间，你说对吗？"谈判专家认为，谈判时，有针对性地回答并不一定就是最好的答案。你要知道该说什么和不该说什么，而不是去考虑你的答案是不是正确。比如，当对方问你："你们具体打算购买多少？"这时候，你要是直接说出你的订单，不利于你接下来的讨价还价。于是，你可以这样说："具体数量要根据你们的优惠程度来定。"还有比较客气地回答语气，"据我所知……"，"那要看……而定"，"至于……就看你怎么看了"。当然，拖延时间并不意味着可以拒绝回答对方提出的问题，因此，谈判中，你要进一步考虑如何来回答问题。

巧妙地回答对方的问题，答案不在于你的回答是不是正确，而在于你是否应该回答，以及你如何回答。

说服技巧

谈判中，你也许会经常遇到这样一种情景：明明你是正确的，可为什么就是说服不了对方呢？甚至有时还会受到对方的指责。你很疑惑，问题究竟出在哪儿呢？谈判高手知道，要想在谈判中获胜，说服技巧是非常重要的。一个谈判高手，只有掌握了高明的说服技巧，才能在变幻莫测的谈判桌上左右逢源，达到谈判目的。由于双方的出发点不一样，所考虑的问题也就不一样，买方希望可以用很低的价格购买质量上乘的商品，而卖方却希望通过最高的价格卖出最次的商品。面对这种价格上的差异，很多销售员一旦告诉对方，这已经是他们的最低价格了，结果是客户大都会选择离开。可是，销售员菲尔的每一次谈判却似乎很顺利。

菲尔是一家不锈钢锅具的销售，这是一种很棒的锅具，不但质量上乘，结实牢固，还是无烟锅。但是，价格比普通的锅具要贵100美元。所有的客户在听完菲尔的介绍后，也都认可这种锅的质量确实很不错，但是他们也都认为价格太高了。

客户常常这样说："比起一般的锅，价格太高了。"

菲尔说："的确如此，我们的锅比起一般的锅都要贵。可是，你认为这种锅能够用多长时间呢？"

客户："质量看起来不错，应该可以用10年或者20年吧？"

菲尔："你确实想用10年或者20年吗？"

客户："是的，我确实有这样的打算。"

菲尔："那么，我们现在假设这种锅能够使用10年，也就是说，比一般的锅来说，每年只贵10美元，是这样吗？"

客户想了下，回答："确实是这样！"

菲尔："那么平均每个月贵多少呢？您现在计算一下。"

客户："如果这样的话，每个月贵了0.84美元。"

菲尔："你们每天在家做几次饭呢？"

客户："一般是2次。"

菲尔："也就是一个月你们要做60次饭，是吗？这样一来，算起来，你们每次只不过是多花了0.14美元而已。你看，质量如此好的锅，只是比一般的锅多花了0.14美元，这不算多吧？"

客户："确实是这样。"

你看，菲尔通过说服的方法，证明他的锅其实一点也不贵。而我们知道，本来他的产品要比一般的锅贵了整整100美元呢。在这种情况下，客户是很容易被他说服购买他的产品的。

菲尔在进行价格说服的时候，是根据事实一步步得来的结果。谈判中，在进行价格说服的时候，也要做到用事实说话。谈判双方首先要建立起来的就是信任。任何情况下，都不要企图去蒙骗客户。很多谈判代表都喜欢把自己的产品吹的天花乱坠，跟实际情况相差很多，有时候甚至自己都不再相信自己所说的话，更别说对方了。在谈判中，不要夸大其词，而要以理说服人。谈判高手还懂得不要去主动对对方说你的产品有多么好，而是要看你的产品能够满足对方的哪些需求，可以帮助对方什么。把你产品的价格、质量、优点结合起来进行总结。只要你的产品能够满足客户的需求，以客户为中心，告诉客户你的产品能够满足他的需求，并进行有针对性地说服，那么你最终会取得谈判的胜利。

谈判桌上不讲是非，只讲利害关系。讲是非就是在讨论谁是谁非，一般都很难接受，而一旦你讲双方的利害，大部分人都会选择洗耳恭听。

比如：你和史密斯在进行谈判的时候，史密斯有个观点你认为是错误的，如果你这样说："史密斯先生，你的这个观点是错误的。你看，你这里有问题，你要让步。"史密斯听了，不但不会让步，还会和你大吵，他很恼怒，觉得你没给他留面子，谈判想持续下去会很困难。假如你这样说："史密斯先生，你看，这个地方是不是有点不妥。你看这样好不好，我让一步，您这边也让一步，这样，大家都有利可图。"记住，在谈判的时候，一定要让对方觉得是他赢了。因为，只有他觉得自己赢了，才会跟你签字。因为在他眼里，你的让步就是他赢了。

在谈判进行到差不多的时候，你们要及时做出回顾和总结。因为谈判的时候，很多语言是模糊的，双方有可能对这些模糊的语言产生不一样的理解。所以，一旦你及时总结并得到对方的认可，谈判才会继续进行。在运用说服技巧的时候，一定要把握好时间，不要死板硬套使用这些方法和技巧，一定要在正确的场所运用，才能达到预期的效果。

关键时刻停一下

当我问你："你会说话吗？"你可能立即回答："什么？这么白痴的问题还需要问！除非哑巴，否则谁不会说话呀。"是这样的吗？我们来回顾一下，当一个善谈的人滔滔不绝地说话的时候，不可否认，他说得实在是太精彩了。可是，如果要你说出来他哪里说得好的时候，你可能会愣住，因为你光顾着听，却忘了他说话的重点了。也许，你只是对他说的最后几句话感兴趣而已。其实，我们会经常遇到这样的问题，大家在激烈地谈话，一旦你问具体地谈话内容，大家会面面相觑，因为已经没有什么印象了。在谈判中，我们也经常会遇到这种事情。这是不是非常失败的一次谈话？要想解决这一问题，其实非常简单——关键时刻停一下，给对方一个缓气机会，也给你的讲话增加一些神秘色彩。

我们说得越多，对方记住得就越少，这是为什么呢？

讲话是有一定技巧的。一次好的讲话能使我们更加了解产品的功能，对谈判双方的要求也能够做到心中有数。但是，很多情况下，要注意停顿，停顿运用过少就好比你做饭的时候没放盐，就会使你的谈话变得索然无味。

在讲话的时候，遇到关键的地方停一停，能够帮助你达到说话的目的。

林肯就是一个懂得掌握谈话技巧的人。当他讲话的时候，只要是他想要对方记住的那些重要的话，他都会在讲话到了关键的时候突然停顿一下，他把自己的身体前倾，双眼盯着对方，然后一言不发。对方正听得津津有味，突然中断了，就会非常好奇。最大程度上，引起了对方的注意。这个效果是很惊人的！

有一次，当林肯与道格拉斯在进行议员辩论的时候，林肯知道他忧郁的表情对他很不利。因为这时候他说出来的每一个字，仿佛都带着他的凄凉味道，要想更大程度上引起观众的注意，必须想办法。因此，当辩论正激烈，眼看就要结束的时候，林肯突然卷起衣袖，注视着台下那些原本要打瞌睡、对他不怀好意的听众，他先是沉默了一会儿，然后用一种非常特别的声调说："朋友们，我和道格斯先生，谁当选都不重要，重要的是我接下来将要谈论的这个问题。这个问题的重要性远远超过了我的私人利益或者任何党派的命运。朋友们！"说到这里，林肯突然又停了一下，他只是静静地看着观众。可是，观众的好奇心已经被调动了起来，他们等待着林肯接下来的话，台下非常寂静，大家都注视着林肯，认真听他接下来的话："这个很重要的问题，哪怕当我和道格拉斯先生死后被埋进土地，哪怕我们喜欢辩论的舌头已经腐烂，这个问题也将会继续存在，而且会在你们每一个人心中燃烧。"

当大家听到这里时，相信无论林肯说什么，都能够把他所说的每一个字印到自己的脑海中。有人对林肯的说话技巧做出了这样的评论："他的讲话触及到了每一个人的心灵深处！哪怕简短的几句话！

在讲话时，他常常会在一些重要的字词前后停顿几秒钟，有时候，甚至会在一句话中停顿三四次！可是，他停顿的非常自然，一点也不做作，看起来一点也不勉强。他深知这样的说话方式能够触及到别人心底，刻到别人脑海中。”

在必要的时候停顿，能够赢得对方的注意，也可以调动对方对你接下来要说的内容的兴趣。这样对方就会很好地倾听你的谈话，并作出相应的反应。当你有意识停顿的时候，眼睛一定要看着对方，或者紧盯着他的目光。如果在讲话的时候，你只是看着对方的脚尖，对方可能会误以为你是出于紧张或者尴尬才停止你的讲话，不但达不到你想要的效果，甚至会影响你，哪怕最后对方知道你其实很自信，可是也会得不偿失。

在讲话之前，你要确定你打算在哪个地方停顿。有时候，哪怕是一样的话，谈话的地点不同，时间不同，停顿的地方也就不一样。也许今天你认为在这里停顿比较好，那么，明天在这个地方停顿就不是那么恰当，在另外一个地方停顿也许效果更明显！

停顿不但可以引起对方的注意和好奇，也有助于减少你使用语气词。平时，你讲话中也许常常会用到：“嗯”“你知道”“哦”“这样啊”等毫无意义的词语。这些词语经常会出现在你的自言自语或者讲话中。如果经常使用这些词，更容易分散听众的注意力。在关键的时刻，适当地停顿一下，能够使你避免发出这些不必要的声音。

停顿的时候，把握好你说话的节奏，该停止的时候停止，该连贯的时候连贯。在关键时刻停顿，不是为了给自己思考问题的时间，而是为了留给对方思考的时间。但是，停顿不可太久，否则你等到对方着急了再开始说，这样你的停顿不但没有好处，反过来甚至会影响你的讲话效果！

礼貌用语很关键

一说起谈判，大家的脑海中立刻会出现这样的一种情况：一脸严肃的表情、目不斜视地注视着对方、竖起耳朵倾听，生怕错过了任何一个环节。有时候，会为一点小问题争执得面红耳赤，有时候占到上风的一方会洋洋自得，以胜利的姿态藐视对方。而失败的一方总是垂头丧气、目光黯然地离开。其实，谈判不一定非要如此。能够与你谈判的人，是你的朋友，而非你的敌人。谈判的目的是为了双赢，是为了双方的利益，不是你能够胜利就可以了。哪怕我们希望自己能够获得最大的好处，也不要过分表现出来，更不要去蔑视对方，因为你的盈利是要经过别人同意的，对吧？谈判高手遇到这种情况，都会展现出自己宽容大度、彬彬有礼的形象，他们会营造一种非常融洽的气氛，有助于实现谈判双赢。最后的结果是大家都感到满意，何乐而不为！

礼貌使你们的心情变好，对别人的建议，能够更容易理解和接受。同时，也会更加愿意满足别人的一些要求。

在谈判中，适当运用礼貌用语，会起到一个调和的作用。假如你和你的对手因为某个问题产生了分歧，意见无法达成一致。这个时候，你可以对对方说：“不好意思，也许是我错了，让我们再来看看，仔细分析一下原因吧。”你的努力起到了一定的效果，哪怕此时你与对手的关系已经到了水火不容的地步，对方也会因为你的话，感到不好意思发怒，他对你的礼貌感到舒心。从而消除了对你的那种隔阂，他会跟你一起查找原因。

对一个谈判高手来说，充分利用自己的谈判技巧，委婉含蓄地发表自己的意见，不说有可能伤害对方的话，遇到冲突的时候优先选择让对方可以接受的方式。在这里，我们重点看看以下几种礼貌用语：

谦虚

谦虚是谈判成功的根本。在谈判过程中，有时候，谈判的一方由于没有听清楚或弄明白对方说的话，他害怕说出来会影响自己的形象，于是就假装听见了，往往会给谈判造成了一定的压力。其实，在谈判中遇到不明白的就要告诉对方。你的谦虚，更能获得对方的好感。事实上，那些不懂装懂，趾高气扬的人容易引起别人的反感。在适当的时候，承认自己没有听清楚，或是不知道是什么意思，这样的人会更容易获得谈判的成功。

谦虚是一种力量。特别是当谈判双方不在同一个地区的时候。他们之间的文化背景各不相同，在语言沟通上，存在一定的困难。这时候，谈判双方更需要谦虚。实事求是的一句“我不太清楚这件事”“我不是太明白”“我想我还是没有理解您的意思”“请您再说一遍，好吗？”你运用这样的语言，会给你的谈判对手一种可以商量的余地，他们觉得你和蔼可亲、真诚、具有人情味，从而愿意与你交流下去。反之，在谈判桌上，假如你不时地高谈阔论、锋芒毕露，很容易就会伤害对方，引起大家的反感，从心里否定你，这样的结局相信也不是你想要的。态度温和、细声细语反而会比伶牙俐齿更能够获得谈判的成功。说话的时候，你亲切的语气、柔和的声调、甚至是委婉的态度都是你成功的原因。

谈判高手懂得如何缓和紧张的谈判气氛。谈判时，问题比较复杂，通常需要使用缓和地语言策略，有效预防对方发怒。当你说出缓和地语言“不过……”时，这个“不过”可以使你们的谈判顺利进行。谈判时，不可避免地会有情绪化的时候，当涉及到人身攻击和手下败将再次会谈的时候，你该怎么办呢？比如，你现在的谈判对手，因为在不久前，刚刚与你就一宗土地买卖的问题谈论过，当时签合同的时候他觉得价格非常理想，可是事后他感觉到自己吃亏了，正处于这样的情况下，你们又要再一次的探讨另外一宗土地买卖的问题时，他肯定会对你产生不满。无论这次你给出的价格多么合理，他都不会轻易答应。并不是他觉得价格不合理，而是他内心已经有了主意，他要以更高的价格把土地卖出去，来弥补上一次的“损失”。当你发现谈判的对手内心不平静时，你必须小心谨慎地处理你们之间的关系。“我对上一次土地买卖表示歉意，虽说事情已经发生并且也过去了，但是现在想来，确实有些抱歉，不过……”你可以开门见山地提出解释，使他明白其中的道理，你诚恳地表达自己的歉意，他的怨恨就会减少。在谈判中，不会因为上次的事情再对你怀恨在心，故意刁难你。

称赞

我们每一个人都希望得到别人的尊重和欣赏，都希望被人称赞，赞美的话人人爱听，这是人的天性。当得到别人称赞的同时，我们会心情大好、兴高采烈。在自身得到鼓励的时候，我们也会对称赞者产生好感。马克·吐温说过这样一句话：“仅凭一句赞美的话语就可以活上两个月”。当对方说了一句精彩的话，或者做出了某个决定的时候，适时地称赞对方做得出色，这样能够为你赢得好感，从而使谈判对你更加有利。所以在谈判中不要吝啬你的赞美，要适时地称赞对方。这样不但能够缩短你们之间的距离，加强彼此之间的亲密关系，又可以给谈判的成功奠定一个好基础。不过，要记住，过于夸张的赞美会显得虚伪。在称赞对方的时候，一定要发现他值得赞美的地方。

你要抓住人们的心理对他进行赞美。当面对老年人的时候，你要了解老年人的心思，他们总是希望别人不要忘记他们年轻时候的风采，特别是他们曾经做过的那些引以为傲的事。在与他们进行交流的时候，我们要称赞他的才能和勤劳的精神。假如你再列举出他的经验能够带给你的启示和教育意义，对他非常尊敬的话，我相信他们会对你另眼相看的。但是，赞美的话也并非都一定会使人感到高兴。你要赞美的真，要发自内心，虚情假意的赞美只会引来别人的厌恶。比如，当你遇到一个相貌丑陋的女孩子的时候，你非得赞美她美若天仙，她立刻就会觉得你虚伪至极，相反，如果你夸奖她有气质，说她举止优雅、言谈不俗的话，她一定喜欢听。

有时你的一个眼神、一个手势、一个友好的微笑都可以使你收到意想不到的效果。当你看到一位母亲通过赞扬子女创造出一个完美快乐的家庭，一个老师因为经常赞美她的学生，使一个班级像个大家庭充满欢声笑语的时候，你就会了解赞美的力量。

琼斯是一家服装店的销售员，在他们店里，琼斯每一个月都是销售冠军，有人向她取经，问她是如何做到这一点的。琼斯微笑着说：“这很简单啊！你要懂得适当地赞美对方。”

然后，琼斯给我们讲了她的销售技巧。这看似简单的方法，正是真正成功的秘密。

一天，店铺里面来了三位年轻的女子。这几位女孩子都挺年轻的，其中的一个比较瘦，另外一个比较胖，而身材最好的那个脸蛋却不是很美。她们几个是要去参加朋友聚会，特意来买适合她们的衣服。琼斯先给那个胖点的女孩推荐一套适合她的小礼服。可是那个胖的女孩子说，她因为身材胖，一直不敢穿礼服，琼斯明白了，这是一位对自己身材比较自卑的女孩子。琼斯说："你虽然看起来稍微丰满一点，但是你知道吗？你的气质很好，加上你甜甜的微笑，我敢说你穿上去一点很优雅。"在琼斯的鼓励下，这位女孩子穿上了这套时尚却不张扬的礼服，看起来效果真是棒极了！突然之间好像换了个人似的。接着，是那位看起来很单薄的女孩子。琼斯给她推荐了一款休闲装，并告诉她，她因为稍微有点瘦，使她看起来有点单薄，但是她的腿很修长，眼睛也很有魅力。瘦的那个女孩子也找到了自信。身材很好的那个女孩子很容易就挑选到了适合的衣服，但是因为她觉得她的脸蛋不够美，有点沮丧。琼斯告诉她，一个人的美丽并不仅仅是因为外在，拥有了一份独特的神韵才是最经典的美呢。你看，琼斯就是这样一次又一次地完成了她的订单。当然，你觉得这个时候衣服的价格还会是影响成交的主要因素吗？答案是否定的！琼斯正是因为懂得发现不同的美，再加上她恰到好处的赞美，不但给自己带来了一笔笔的订单，还带给无数人希望和自信。当你也做到这一点的时候，你也就成功了。

赞美对方，不一定非要在谈判和工作中，生活当中，我们也可以时常使用，当别人赞美你家孩子聪明活泼的时候，相信你也会自豪的！其实，每个人都是如此！

感谢

"谢谢"是在生活中被运用的最广泛的一个词。可是在生活中，需要对别人说谢谢的时候，我们大多数时候并没有说出来，看起来这是非常简单的一件事，正是因为太简单了，我们才会经常忽视它的存在。其实，每当别人帮助我们的时候，我们心中都会很感激，由于没有告诉对方我们的感激之情，对方并不知道。他们会觉得你是一个没有礼貌的人，觉得帮助你很不值得，因为你不是一个懂得感恩的人。其实，你心里想的完全不是这么一回事，你只是把对他们的感谢放在了心里，你内心迫切地希望能够回报他们。为了避免这种误会，所以在得到别人帮助和款待的时候，你要及时说出你的感谢。在谈判桌上依然如此。任何人都希望得到别人的重视，希望能够帮助到别人。当对方称赞你或者认可你的某一个意见的时候，要对他表示感谢，因为这能够体现他的价值。那么，你要如何做，才能把你心里的感谢表达出来呢？

首先，最简单的一种做法就是直接说出来。当着对方的面，直接告诉他你的感激。对他说声：“谢谢”。在谈判中，你要感谢对方给你这次合作的机会。

其次，你也可以赞扬对方。这种方法可以让对方知道他为你做的事情是值得的。比如，当你受到邀请去参加晚宴的时候，在宴会结束的时候，你可以这样告诉对方：“今天的晚餐非常丰盛，当然，也非常美味，谢谢你的晚餐。”你也可以给对方留个纸条，上面写上感谢和称赞他的话，效果比口头上说感谢还要好。当然，你也可以直接给对方送上一份你精心准备的礼物，你要附上一张有你感谢对方的便条。至于是什么礼物并不重要，重要的是你有这份感谢的心意。

最后，你也可以通过第三者转述。你可以告诉第三者对方曾经帮助过你，第三者会把你的感谢心意转述给对方。这样做的好处是对方更加相信你的真诚感谢是发自内心的。当对方需要你帮助的时候，你要及时给予帮助，用你的实际行动来感谢对方。你要表示出你知恩图报的意愿，也许你帮不上对方什么忙，但是你的话会令对方感到高兴。

当你感谢别人的时候，你要让对方知道你为什么要感谢他，你要把感谢他的原因说出来。你必须诚心诚意，你的感谢是一种发自内心的感激，不是勉强的语气，也不是出于礼节随便说说，更不是在敷衍对方。你要直接、自然，而不是难为情。你要保证你所说的话对方可以清晰地听到。当你要感谢的人比较多的时候，你要把需要感谢的人的名字说出来。不要觉得麻烦，更不要直接说一句“谢谢大家”。当你说感谢的时候，你要直视对方的眼睛，面带微笑，流露出你的真诚表情。也许对方帮助你的时候，并不是为了要得到你的感谢，但是你要记住，每一个人都是希望得到别人的感谢的。不能因为对方不在乎，你就忘记了对他表示谢意。

谈判中的禁忌

谈判的目的是为了达成协议，参与谈判的双方人员经过协商共同签订具有一定约束力的合同，确保双方的权利和义务。特别是有关双方承担义务和责任的关键部分，必须明确具体、清楚、用语不能模糊，否则容易引起争议，后果是难以预料的。

在谈判中，谈判双方的说话方式和说话技巧对谈判结果有着重要的影响。所以在谈判中，我们要注意那些禁忌的语言，提高我们的语言技巧。

忌弄虚作假

有些人认为谈判就是你死我活的对立性的竞争。在现实的谈判中，有些人不实事求是，不说真话，说大话，欺骗客户，以此获得自己的谈判优势。比如，销售员在推销产品的时候，为了能够推销出去，就说大话，告诉客户说产品获得了很多的荣誉，有很高的质量保证。客户觉得产品还是有一定的市场的，于是就口头答应了，可是等到这个客户做市场调查时却得知，这种产品并没有获那些大的荣誉，不过这类产品确实有一定的市场，按说这种产品质量还可以，消费者还是可以接受的，但是由于已经受到销售员的虚假影响，害怕以后再继续受骗，于是就取消了口头约定，谈判破裂。由此可见，弄虚作假一旦被对方识破，就会造成不可挽回的损失。

在谈判中，千万不要掩盖缺点、夸大优点、不顾事实地胡编乱造。你这样做一旦被对方发现，就失去了诚信。如果你想与客户谈判成功，想做成大生意，那么你就要设想每一个人都是行家，都是聪明人，任何隐瞒和欺骗都是害人害已。你要真实地展现自己的实力，有一说一。你可以将你的产品展示在对方面前，让对方从你的产品中看到希望。如果他看不到你的产品，你的任何恭维、任何承诺、任何语言都达不到令他信赖的目的。

我们要从实际出发，真诚待人、诚实守信，这样才可以促使谈判成功。

忌咄咄逼人

谈判本来就是双方的一种博弈。双方都很敏感，如果你认为你的资历高人一等，或者你的谈判能力比别人强，在语言上过于强势，就很容易伤害对方，引起对方的抵抗情绪和反感。在谈判中，切忌咄咄逼人的谈判语气，特别是当对方提出某一观点或者建议的时候，不要马上进行反驳，也不要试图去打断对方的话。也许你认为，你不是故意去打断或者反驳对方的，你只是急于表达自己的不同看法，但是你这样做是非常愚蠢的行为。

当谈判双方遇到意见不一致的时候，一味争强好胜、咄咄逼人，只会使对方的抵触情绪更大，甚至有可能使谈判陷入僵局。正确的选择是面带微笑地听对方把话说完，不要针锋相对，更不要认为气势逼人才会占上风。其实，那些沉稳、不喜形于色、情绪不被对方左右、心思不被对方洞悉的人才更能克制对手。要想成为一个谈判高手，必须学会左右逢源，做一个软柿子。

在谈判中，不要故意提那些有敌意的问题，更不能厉声指责对方，你这样做只会给对方一种压抑感，使你们的交流产生障碍而导致严重的误解，导致谈判破裂。当对方有明显错误时，你既要坚持原则，又必须指出对方的错处，但方法要灵活，语气要委婉。即使谈判破裂，也要保持友好的态度和平分手，将来才有继续合作的机会。在市场竞争中，本来就没有永远的朋友和敌人，给将来留有余地，要从长远的利益出发，多交朋友，不要到处树敌。从长远考虑，你想要发展，就应广交朋友、广结良缘，何必到处树敌呢？

忌信息不确定

有些参与谈判的人员接触的社会面大，与外界的联系比较多，获得的消息比较广。有时候，接触的东西多了未必一定是好。特别是在谈判中，因为得到的信息不一定就是正确的，甚至这些信息之间还存在着相互矛盾的地方。把这些不确定的信息作为自己谈判时的观点和论据，在与对方讨价还价中，缺乏确凿的证据，很容易被对方抓住谈话的漏洞或者把柄，进而向你发起进攻。这些没有被证实的信息，会使对方觉得你是一个不负责任、不认真的人，他们会对你产生怀疑。

尤其是在商务谈判中，更应该避免这些不确定的信息，杜绝使用“听说”“据说”这类的字眼。要知道，任何不真实的信息都会误导你的行为，一旦你提出的资料来源是不完全真实的，就会处于被动的局面。所以，在谈判时，注意搜集资料的真实性，决不能道听途说，对有异议的资料或者信息，一定要从多方面进行了解和证实，多方面的整理和加工。认真研究这些信息在这次谈判中有什么作用，对谈判结果会产生什么影响，有没有必要对谈判方案进行调整和修改等。

忌自我为中心

我们身边存在着这样的一些人，凡事都希望别人能够满足自己，却不管别人的需求和希望，不愿意做出半点委屈的样子，从来不会关心别人的死活，自私自利，要求身边的人都围绕着他转。希望别人都听他的，服从于他，否则就会感到委屈、受不了。做事不愿意服从集体，希望别人尊重他，却从来不会尊重他人。他的心中只有自己，根本就没有别人的存在。

在生活上，这种表现很失败。在谈判中，最忌自我为中心的人，完全不考虑其他人的感受和需求。

假如你是一个以自我为中心的人，你在整个的谈判过程中会一直说“我想……”“我认为……”“我需要……”等一些句子。你希望对方能够满足你的需要，但却忽视了对方的想法和需要。谈判本来就是为了满足双方的需求而进行的，当你随意打断对方的谈话，滔滔不绝说你自己的时候，你已经引起了对方的反感。或者，你在对方说话的时候不够专心，只考虑了你的需求，对于对方的需求视而不见，特别是在进行某些交易的时候，你的自我为中心只会使你失败。在谈判中，双方的一言一语，都要有助于加强你们的沟通，增进你们之间的了解，大家能够坐下了谈判，就是为了达成互利互惠，皆大欢喜的双赢局面，谈判不是斗争，而是为了合作，为了双赢。

在利益上，你们双方所处的立场是互相抗衡的，谈判人员在心理上要承受很大的压力，随时都可能就某个问题进行分析和判断，哪怕是在谈判进行到僵局的时候，也要控制自己的情绪和行为，用适当地语言和举止来说服对方。在谈判中，要多倾听别人的谈话，对别人的谈话内容要表示出极大的兴趣，与对方多进行一些角色互换，语言上要柔和，不把话说死，给对方留有商量的余地。你这样做说明了你的修养素质，会给对方留下一个好的印象，赢得对方的喜欢和尊重。

忌含糊不清

有些谈判者由于缺乏谈判经验，谈判中没有对双方的谈判条件做具体地分析，没有一个完善的谈判方案，在表达自己立场的时候，由于怯场说得模糊不清，回答对方提出问题的时候，也是模棱两可，甚至是前言不搭后语，这样给对方的印象就是“这个人太不痛快了”、“这个人素质不怎么高”，对方容易钻语言空子，使自己陷入被动挨打的局面。

谈判者在谈判之前，应该做好充分的思想准备和语言准备，认真分析谈判中可能会发生的事情，了解自己的优势和劣势，对谈判的目的和重点交易条件做到心中有数，提前假设好对方可能会提出的条件或争议，只有这样，在谈判中不管出现什么样的突然情况，都可以做到随机应变，清楚明白地说明自己的观点，准备回答对方的问题。尤其是在签订协议的时候，能够把握住关键，使合同条款完善、具体。

04

丨第四章丨

谈判中不能逾越底线

不要接受第一次开出的条件

一件东西太容易到手，我们往往会怀疑它的真实性，这是我们的潜意识在起作用，太容易得到，会让我们怀疑是不是哪个环节出现了问题，是不是中了某人的诡计。然后，我们脑海中就会自动进入防御系统。如果一个问题，你给的答案太过于干脆，那么也会得到别人的怀疑，他会认为肯定还会有很大的让步空间，虽然你已经把价格让到了最低，但是对方反而会不信任你。

假如现在你去买衣服，你看到一件比较喜欢的衣服，你也知道这件衣服你的朋友以前买过，他买的价格是200元，可是现在标价是300元。于是，你就按照200元的心理价格对销售人员说："这件衣服还不错，我比较喜欢。200元能卖给我吗？"如果销售人员立刻说："好吧，就按照你的价格吧！"销售员说这话会不会使人高兴？你心里会不会高兴地说："我买的真合算！"事实上，你不会高兴，你的反应是怀疑，你心里会想："他这么快就答应了，看起来还是那么高兴，一定是我的报价太高了，还是不要买了。"通常情况下，销售人员答应的越爽快，你买的可能性越小。

多年来，我碰到过无数这样的例子。在我的每一次培训中都会讲到这一点，学员们的反应通常都是"也许价格还可以商量"或者"便宜了质量肯定不是很好，也许哪里会有问题"。

之所以出现这种情况，这和销售人员是分不开的，由于销售人员在谈判开始时，忽视了顾客的心理。记住，一定不要接受第一次报价，无论开出的价位是不是你的心里价格，都不要接受。

当我们与对方谈判的时候，如果是对方首先开了条件，那么，不管他们的条件多么合适，也不要管你内心听到后是多么雀跃，你一定要记住这一条：不要接受对方的第一次报价。

现在你去珠宝店买钻戒，他们给出的报价是10万元，你还价到8万元，销售说他要与他们的经理商量一下再给你答复。你结果会为他的答复高兴吗？肯定不会。你心里第一感觉就是：糟糕，我给的价格太高了，我应该还价到6万元。为什么会出现这种情况呢？因为他答复得太爽快了。

在日常生活中，这样的谈判你随处都可以看到。你去买一件礼品，如果他的报价是100元，你给60元，他立刻答应了。你心里会想，我给的太高了，上当了，其实不值这么多的吧。假如，他报价100元，你给他60元，但是销售不愿意，他最低非80元不卖。那么，在你们讨价还价的过程中，最后销售不情愿的以70元卖给了你。你是不是有很大的成就感？觉得买得很值？

为什么不要接受对方第一次报价呢？

从心理学角度来看，人的心理是很复杂的，特别是在谈判中，这种复杂表现得更加明显。对方的第一次报价与心中预期的价格肯定会有所不同。第一次报价只是起到试探的作用，这有两个方面的意思：一是试探一下对方的价格空间，二是表明对方的谈判立场。最终也许会出现连谈判者自己都不敢相信的成交价格。作为卖方，如果你第一次报价太高，就会失去买方的信任，如果你第一次报价太低，后面就没有多少可以降价的空间了，最终会导致买方不信任你。因此，无论是作为买方还是卖方，都不要接受对方的第一次报价。谈判高手是不会轻易接受对方的报价，更不会答应你第一次的任何报价。因为他深深懂得：如果接受你的条件，你就会立刻想到：你给出的价格高了，并迅速地对自己给出的报价反悔。

拒绝第一次报价说起来简单，做起来却不是一件容易的事。特别是你与对方联系了好几个月，就在你以为毫无结果、正要放弃的时候，对方突然给你一个不是很合理的报价，你也许会迫不及待地接受。因为你知道，放弃意味着没有一分钱的利润，还浪费了那么多的时间，还不如现在就接受，最起码不至于空手而归。如果你这样做，你就上当了，这只是对方的一种谈判手段。你要时刻提醒自己，宁愿不做这单生意，也不能随意就答应对方的第一次报价。

在日常谈判中，不管你多么想和对方合作，也不管对方的条件是多么让你动心。你都要淡定。你要认真思量、耐心地与对方讨价还价，给自己打气，告诫自己绝对不能轻易地接受对方的报价，否则成交后大家都不会开心，你痛苦，对方也不会高兴。

对对方的条件感到意外

当对方给出的价格高于我们内心期待价位的时候，我们会表现出非常意外的样子。其实，在谈判中，哪怕对方给出的条件令你满意了，你也可以夸大你的表情，装作大吃一惊，你的表现会让对方摸不清底细。我总是这样表现，在任何的谈判中，我都会运用这种吃惊表情，以夸张表现出无形的压力，逼迫对方做出让步。如果你的态度很平静，会给对方造成一种假象，认为他们的报价是不够高的。

有一次，我看中了一件大衣，我对这件大衣很满意，并且价格在我的接受范围内。可出于多年的谈判经验，我习惯运用谈判中感到意外的表情。当那个店员告诉我价格是1000美元的时候，我大吃一惊，感到非常意外："天啊，这也太贵了吧？"由于我一直都是这种吃惊表情，在接下来的时间内，我仅仅花了450美元就成功地把这件大衣买回了家。

有趣的是，我的朋友也看到同样的一件大衣，由于在他咨询价格的时候，没有出现意外的表情。结果他是原价把这件衣服买回家的。看到这里，你该明白在听到对方报价的时候，大吃一惊的意外表情会给你带来什么样的谈判后果了吧？

凡是谈判高手都知道，你应该对对方的报价感到意外，不论在任何时候，只要你听到对手的报价，你的第一感觉就是大吃一惊。假如，你现在正在一家照相馆里面。你要拍摄一组生活照，当你咨询价格的时候，对他们给出的第一次报价并没有感到吃惊，接下来他们会告诉你一张底片要加多少钱，看到你还是没有感到意外，他们会紧接着告诉你一套衣服加多少钱。他们是根据你的表情来给你开的价格。因为你对他们的报价没有做出任何反应，这给了他们一个错觉——你接受了他们的条件。假如你没有异议的话，你肯定就上当了。

事实上，以上这几种条件，对方根本就不确定你是不是会接受，但如果你没有对他的报价感到意外的话，他心里就会不由自主地想："他说不定会答应我的价格，虽然我只是随口说说而已，但是从他的反应上来看，他并没有感到意外，我还是再附加点条件好了。这看起来是一个有钱人，他是不在乎这一点钱的。"

如果你知道他这样想，你会是什么表情？在和他进行谈判的时候，你难道不想知道他的心里都在想些什么吗？每一次在给学员讲解谈判的时候，我通常会把学员分成几组，然后让他们分别练习谈判技巧。一般情况下，我会让学员按照自己所处的行业进行谈判练习，他们之中分别有人扮演不同的角色。比如，现在是销售汽车的谈判，在谈判开始之后，学员扮演的买卖双方都会争取让对方先报价。由于必须要有一方先开始，所以卖方可能会报出一个最高的价格50万元，尽管他们也知道，报价50万元确实有些不靠谱。刚开始的时候，扮演卖家的学员甚至都没有勇气说出这个价格，因为他们相信，这个价格一旦说出来，就会立刻引来一片嘲笑的声音，他们也抱有这样的一个心态。可是结果却让他们感到大吃一惊，买方对于这个天价的数字并没有任何反应。卖方想了很多，甚至觉得买方肯定会说："什么？这个价格，你疯了？"可是买方的反应并没有那么强烈。一时之间，整个谈判就发生了很大的改变。几秒钟之前，50万元想起来还是那么的不切合实际，转眼之间，卖方却发现要想实现这个价格并不是完全不可能的事情。于是，卖方心里开始这样思考了："假如我一直坚持下去，50万元说不定就可以成交了。只要我坚持下去就可以了。"

你看，在面对对方的报价的时候，你要是学会感到意外，结果是不是就会完全的不一样？对于我们大多数人来说，眼睛看到远比耳朵听到的更有说服力。在所有谈判者眼中，至少有70%的人相信自己的眼睛。

有一次，当我在一间酒吧想点一瓶酒的时候，抬头看到了标签，出于职业习惯，我犹豫了一下，并感到了意外。我的这一动作，被酒柜的负责人看到了，他走过来主动把价格下降了10美元。我有一位朋友是个业务歌手，他常常运用我的方法，一次次地提高自己的收费标准。他以前的每次出场费是2000美元。可现在完全不一样了，他对每一个来找他演出的人员给出的报价感到大吃一惊，他意外的表情立刻给他带来更多的出场费。有时他每一次的大吃一惊对方就会给他增加500美元，直到他的演出费用达到了5000美元一场，他才点头。

面对对方的报价，你要有一副感到意外的样子。记住，他们并没有想到你会接受他们的第一次报价，也没有奢望你会立刻接受。但是，假如你没有感到意外，他会认为你对他给出的价格有可能会接受，他们会表现出很强硬的态度。一旦你表示出非常意外的样子，他们肯定会做出一些让步，因为他们相信眼睛所看到的。

报价要高过心理价位，为谈判留有余地

人生就是一个不断谈判的过程。想想看，当你想要爸爸手中那台电脑的时候，你会怎么说？你通常不会直接说出来："爸爸，我想要你的电脑。"你会给自己提出个更高的条件，你会告诉爸爸，我需要一台新的电脑。然后，在进行讨价还价之后，你最终得到了爸爸的电脑，还是爸爸主动要求给你的。

这样的事情几乎每天都在上演：当你走进商店购物的时候，你给出的价格总是低于你的心理价格，你认为这个价格已经是对方不可能接受的范围了，这是为什么呢？本来你已经失业，你想哪怕只是给你5000元也好，可是最后你要求的薪金甚至比自己的心理价位高了很多，你知道为什么在谈判时你会抬高自己的要求吗？你这样做的原因就是为了给自己的谈判留有余地。如果你是买家，你永远都有机会加价，却没有机会把价格降低，如果你是卖家，你任何时候都可以降价，却没有机会去涨价。所以，你会在开始报价的时候，报出一个高于自己心理的价位。为接下来的谈判留下足够多的空间。不过，你要

记住，你的报价一定要让对方觉得有可以商量的余地。如果你的价格太过于离谱，而且你抱着“要买就买，不买就快点走开”的态度，我敢肯定你的这次谈判就开始不了，对方认为既然没有选择的余地，还不如快步走开。可是如果对方觉得你的报价有一定的商量余地，哪怕你的报价来个狮子大张口，也不会影响你的谈判。

假如需要买一栋房子，面对卖家的报价30万元，你可以这样说：“对于您来说，这个价格确实是一个非常合理的价位。可是根据我的市场考察，我感觉我能够接受的价格应该是20万元。”对方听了你的回答，会想：“这太离谱了，20万元根本就不需要谈。不过，看起来他还是比较有诚意的，我试着和他谈谈吧，看看他最终能够给个什么价格。”

当你第一次需要向客户报价时，你的开价过高或者过低有可能影响你们的谈判结果。你开价过高，可能直接导致这次谈判失败，开价低了，你的对手也绝对不会因为你的低报价而停止讨价还价，因为他不知道你的价格底线到底是多少，他也不会猜到你的谈判策略。大多数情况下，他都会认为是你在漫天要价。在价格上，他也会通过讨价还价，最后直到接近或低于你的价格底线为止，这样的谈判结果也是不容乐观的。所以，在第一次报价的时候，你的报价一定要高于你心中想要的价格。这样在谈判中就会拉大你们的谈判空间，你的报价越高，你的谈判余地就会越大。当然，你也会获得更多的回报。要根据不同的客户来报价，你的报价过高也许会有成交的可能。不过，你要知道，这样的几率是非常低的。

英国首相撒切尔夫人在1972年12月的欧共体的首脑会议上，就是运用这样的谈判技巧，这次会议上，她表示英国在欧共体中负担的费用过多。在过去的几年中，他们投入了大量的金钱，可是却没有获得相应的利益。这次，她强烈要求将每年的费用减少10亿英镑。听到这个惊人的消息，各国首脑们一致认为，撒切尔夫人的真实意图是减少3亿英镑。其实这也是夫人的底价。于是，他们同意减少2.5亿英镑，可是撒切尔夫人是有自己的立场的，她坚持自己的要求，因为相差的数目实在太大，最终使谈判陷入了僵局。撒切尔夫人其实并不是真正地想减少10亿英镑，她是为了给谈判留有余地，她的目标就是希望用这个高价来改变各国首脑的预期目标。撒切尔夫人告诉下议院，必须按照她的方案执行，这给对方一个暗示——没有商量和选择的余地，同时也在含蓄地警告各国，特别是给法国施压，因为法国在欧共体中持有较强态度。法国对于英国的强硬态度采取了在报纸上大肆批评英国的报复手段。面对法国的攻击，撒切尔夫人清楚地知道，让法国接受她提出的条件绝对不是一件容易的事情，但她要让法国明白，无论法国采取什么手段，英国都不会妥协。由于撒切尔夫人的这个策略，终于迫使各国首脑做了很大让步，欧共体会议最后同意每两年减少8亿英镑的开支。撒切尔夫人正是灵活运用了报价高于心理的预期，给自己留下余地的策略，才最终赢得这次谈判。

如果你是一名谈判高手，这样做起来得心应手，你真正的价格可能比你的心理价格要高很多。可是假如你惧怕对方的拒绝或者认为高的离谱，这样的恐惧心理直接导致你将价格降到最优惠的地步，甚至是低于对方可以接受的范围。其实，你完全不需要担心，你也可以来个狮子大张口的价格，谁知道后果呢？对方也许会很爽快地答应你的要求。所以你现在唯一要做的事情就是大胆地提出你的要求，你想得到什么就尽量说吧！提出高于心理价格，不但可以提高你的收益，还可以提高你的产品在对方心目中的价值。

在日常生活中，我们经常会遇到这样的情况，销量不好的衣服，价格翻了一番，却可以很快地销售一空。质量很差的东西，只要敢要价，别人照样也会购买，因为他们相信，一分钱一分货，贵也有贵的道理。

假如你不懂谈判，不是一个自信的人，一开始就会自动地做出让步。如果你是卖汽车或者珠宝的人员，你可能会这样想："要是我要价太高，或许就不会取得成功。"如果你是想求得一份工作，你也许会想："我已经失业这么久了，现在工作又是如此难找，我要是要的薪水太高的话，他们根本就不可能会录用我，我还是要低一点吧。"在还没开始谈判之前，你就已经放弃了你的原则，那么你将获得的是更低的回报。凡是谈判高手都知道，哪怕你报价再低，甚至都在你的底线以下了，对方还是一定会和你讨价还价的，他们可不知你的底线是多少。谈判高手不会在意对方刚开始的要求是多么离谱，他们都不在意。因为他们知道，随着谈判的深入，他们会找到一个双方都可以接受的价位。

现在你知道了如何开出自己的预期报价，接下来如何才能开出高于自己预期的条件呢？你了解了报价高于预期报价的好处，现在你内心已经蠢蠢欲动了。要想做到这一点并不难。首先你要清楚自己的目标，敢于打破常规做法。比如，在谈判中你会这样想：我的产品价格和同行们差不多，这样的价格客户可能会认同。你有了这样的价格的局限，就很难开出高于自己的预期价格了。实际上谈判一开始，你所提出的条件就要高于自己的预期条件。这样在面对对方的讨价还价时，你就有了足够多的空间。学会开出高于自己期望的条件，还没有达到你想要的目的，你的目标是要让对方接受你的条件。一次成功的报价和价格本身的高低关系不大，关键是对方是否对你的产品感兴趣。对方如果真的很喜欢你的产品，谈判很大程度上就会成功，如果对方根本就不喜欢你的产品，你就要及时调整你的策略了。因而了解对方的需求，才是开出高于心理预期条件的真正的关键。

通常情况下，在进行谈判的时候，你要找一个合情合理，又对你最有利的条件。有时候要做到这一点很难。在我们的生活中，正是由于这种怕难的心理让我们失去了很多机会。如果你觉得你第一次的报价有点走极端，那么你可以试试暗示一下对方，让对方知道你的报价是有回旋的余地的，这样对方就会有信心继续和你谈。哪怕他刚开始听到你的报价大吃一惊，但是接下来经过你的让步，你们可以更好地建立和谐的关系，你最好让对方先提出条件，然后你可以根据对方的报价分析出你的报价范围，这样，通过你们不断的让步，最终达成交易的目的。要想成为一名谈判高手你必须学会这一点，等你做到了这些，你在谈判中就是常胜将军了。

口是心非：扮演不情愿的买家或卖家

在一次培训中，学员马丁给我讲了他经历的一件事，还说直到听了我的课以后，他才恍然大悟！

马丁想给自己买一处住所，他幻想着那是一个风景优美，带有海景的房子，他可以躺在卧房一边晒太阳，一边听海浪的声音。他也知道这样的房子会很贵，他只是想想而已，问题是他并不想支付太多的金钱——因为他没有那么多钱！他去看的房子只是破旧的小公寓而已，因为他只打算花18美元，而这个数字仅仅只够买一套小公寓。可是后来由于机缘巧合，他碰到了心目中的那个带有海景的房子。

说起来就好像做梦一样。因为他的那个销售员带着他看了不少的破公寓了。这次，销售员莫西对他说："马丁，我这儿有一套带有海景的房子，只是位置稍微有点远，不知道你是不是有兴趣？"马丁表现得并不是很热情，他知道自己买不起，但还是去看了一下。看了之后，他立刻喜欢上了这里。不过，他可不敢表现出来。在销售员和房主人的连番介绍下，马丁始终提不起兴趣。当然，出于礼貌，马丁问了他们价格。因为看到马丁不感兴趣的样子，房主本来想报价30万美元呢，但是想了想，给了一个报价——25万美元。并说他们全家就要移民澳大利亚了。因为孩子在那里上学，他们不得不卖掉这处房产，然后去那边生活。马丁知道这个价格绝对不高，以前他关注过这附近的房子，同类的大概都在35万美元。马丁听了这个价格之后说："我没打算买这么远的地方，要知道我工作的地方离这里可不近，我要支付不少汽油钱呢。再说，我也不喜欢挨着海的地方！不过，看你这么友善的份上，请给我一个最低报价吧！"最终，马丁以18万美元买了这套房子。你看，这是多么得不可思议啊！是的，这就是我说的不情愿的买家。对于你不打算买的东西，他们是不会给你报价那么高的。

谈判高手都知道，马丁的这种做法正是运用了谈判中的不情愿的买家。当房主知道马丁就是这么个不情愿的买家之后，在谈判还没有开始之前就已经把价格定得很低了。虽然他的预期价格是30万美元，但是他报出了一个可以交谈的25美万元的最理想的价格。因为这位房主等着出手，也许他买的时候只是10万美元。他心想：在20万到25万元之间都可以。可是马克的无动于衷，使得他最终答应从18万美元卖给了马克。

现在想象一下，你正要卖掉你的那辆汽车，因为最近你正打算换新的车子。你家的人口增加了，这辆车子的空间太小了。于是你就非常想卖出去。你在心里告诉自己，只要有买家要它，我一定要赶快处理掉它，我要赶快换新的汽车。正在这时，有人看到你的这辆车子。他正要买一辆代步的车子，对车子的空间要求不大。他对你说："这辆车子真漂亮，你打算卖掉它吗？"你的心里开心极了，你想立刻就答应卖掉它。如果你表现得手舞足蹈，你的车子还会卖上一个好价钱吗？答案肯定是否定的！

你要学会做一个不情愿的卖家。"嘿，伙计，你真有眼光，这是我最喜欢的车子。看，它的颜色漂亮极了，性能也非常好，我才刚刚买了不到5年。不过，你可以说说看，你打算出多少钱买它？"当你表现出你是一个不情愿的卖家时，那位想买车子的人就会想，我最多打算花5万元买这辆车子，4万是最理想的价格，我打算从3万元开始讨价还价。这时候，他的接受范围是3～5万元。你的不情愿提高了预期的价格，他开始就不会从3万给价，而是直接开价4万元。这样你最后会以一个比较高的价格卖给他。

谈判高手无论是作为买家还是作为卖家，他都会保持这种不情愿。正是因为这种不情愿，在谈判还没开始，他就已经把价格压缩到了一个对他最有利的限度，这个时候他就算是成功了一半。假如你现在是一个买家，你就站在了买方的立场。你打算购买一台机器设备，你该如何做才能使得销售机器的销售员给你开出最低的价格呢？

通常这个时候，销售员会来到你的办公室，给你做个产品演示。你尽量提出一些问题，并说出你的疑问。当然，到最后关头的时候，面对销售员期待的目光，你可以这样说："非常感谢你的演示，对于你投入的时间和精力我也很理解，但非常遗憾的是，这台机器与我心中想的有些出入。不管如何，我还是要感谢你的付出，祝你好运。"

你看见销售员兴奋期待的目光变得那么失落、黯然，他在慢慢地收拾演示的产品。当他怀着沮丧的心情准备离开的时候，你突然开口："亲爱的，你要知道，我一直很感谢你的付出，你花费了这么多时间给我介绍，为了公平起见，我想听听你能接受的最低报价是多少？"你也知道，哪怕是到了最紧要的关头，他也不会给你一个最低的价格，是吧？一点也不错，你猜对了，因为他有自己的理想的价格。他所能给你的也只是一个比较合适的报价。如果你同意的话，他内心肯定非常激动。当他快速回到办公室的时候，他会很自豪地告诉同事："简直不可想象，我刚刚去了一家公司，正当我毫无希望的时候，他问了我一个报价，我告诉他说最低的价格15万。"可是，对方居然说："这价格听起来有点高，不过，他表示可以接受。这是多么值得庆幸的事情啊！"

一般情况下，销售员都有一个自己的最低价格，可是你判断不了对吧？那么你必须运用一些谈判技巧。即使你不情不愿，销售员也不会给你一个最低的价格。通常情况下，应该是这样的：当你不情愿的时候，他通常会放弃一般的价格范围。本来他的底价是10万，他想告诉你是20万，看到你的不情愿，他会告诉你："现在为了增加业务量，如果你今天就可以做出决定的话，我可以现在给你一个最优惠的底价15万。"其实，他已经给你让利了一半的谈判空间了。当他这样说的时候，优秀的谈判高手可不管这个把戏，他们会比对方做的更好，听到这样的话之后，他们通常会告诉对方："既然你这样说，我想价格方面确实没什么好商量的余地了。不过，你可以告诉我具体的交易方式，我要请示我的领导，然后我再告诉你最终的结果。"

当你遇到一个不情愿的买家或者卖家的时候，你一定要让对方先表态，等他做出承诺之后，你再请示你的上级。然后运用黑白脸的谈判技巧结束这次谈判，从而获得最理想的价格。

报价时千万不要折中

在谈判中，我们习惯双方都做出一样的让步，觉得只有这样才是公平合理的。在我们的生活中，这种想法普遍存在。如果你要出售一件古物，你最初的报价是10万元，杰克的报价是8万元，如果你和杰克要达成协议的话，你们最终的价格和你们当初的报价有一定的关系。你听到杰克的报价会想："9万元也许会是一个比较理想的价格，我们只要一人让一半价格就可以了。"其实，如果这件古物的价格是8万元，折中的价格对杰克来说就不公平，因为杰克的报价使这件古物的价格抬高了。但是，如果这件古物的价格是10万元，可是因为你急需出手，杰克就会拼命地压价，他要是给你5万元，对你也是非常不公平的。

你会想，我们之间既然无法解决价格问题，那么折中的做法难道不是最好的吗？这可以很快地解决我们的价格方案。我告诉你，这绝对是一种错误的想法。对于谈判高手来说，折中的做法并不是一种很好的讨价还价，有时候你需要将报价折中两次，这样你就可以把双方的价格差距合理分配。假如你再多分配几次，也许就会得到一个比较好的价格。

有一次，我看到一栋非常漂亮的房子。销售员给我的报价是55万元，而我只愿意出45万元。销售员希望我可以再加些钱，我不同意，最后他只好说这样吧，最低54万元，我还是没有同意。他又告诉我52万元还可以商量一下，但是45万元是绝对不行的，我只愿意出到46万元，于是他再次把价格降到了50万元，我还是没有同意。最后，他同意48万元卖给了我。

在运用这种策略的时候，你要记住，千万不要主动提出折中的报价，你要鼓励对方先提出来。举个例子，你是一位汽车销售员，你一直在努力销售你的汽车。当有客户来的时候，你的报价是8万元，可是对方只愿意给你6万元。这个时候，你该如何应付呢？随着谈判的进行，对方最终同意把价格提高到6.5万元，你也把价格降到了7.5万元。接下来该怎么办呢？你已经感觉到了对方的意图。假如你愿意把价格折中，他就一定会接受，照这样算，最后的成交价格应该是7万元。你可千万不要折中你的报价，你可以这样告诉对方："这恐怕不行，我们花了这么多时间，你看现在只差一点点就要成功了。要是这个时候我们停止合作，真是非常遗憾的一件事。你要知道，我们之间只是相差1万元而已。"

由于你不断地强调你们已经投入了大量的时间和精力，而且价格上相差不多，最后他很可能会说出这样的话："既然如此，那我们一人让一步吧！"听到这儿，你不妨愣一下，然后告诉他："你的这个想法不错，我们每个人都让一步，现在我们看看结果如何吧。哦，现在你的报价是6.5万元，我的报价是7.5万元。如果一人让一步的话，那就是7万元，是吗？你是说你可以把价格提高到7万元吗？"

当对方的答案是肯定的时候，你们之间已经变成这种情形了：刚刚的价格还是相差1万元，现在转眼之间就已经变成了5000元了，而且是在你没有让步的情况下，就把价格差缩小到了5000元。你可以这样告诉对方："现在的价格听起来好多了，我会和我的主管经理商量一下，看看他觉得如何。我会告诉他你的报价是7万元，然后看他的决定吧。"

经过你和经理的沟通，你回来告诉他："我们的经理还真不好说话，我本来想他肯定会接受你的价格的，可是他却给我看了销控表。

确实如此，我们目前还没有这么低的价格呢。他认为，如果价格低于7.2万元的话，我们就是赔本销售。您看，现在的价格只是差了2000元，难道2000元就让咱们的辛苦白费吗？”

我相信只要你的表情到位，你持续的时间够长，他会再次同意对价格进行折中。这样你就可以多卖1000元。事实上即使对方不愿折中，他坚持支付7万元，你也可以得到你想要的东西。你的客户认为是他赢得了这场谈判，你最终接受了他的报价。假如这个报价是你提出来的，他就会觉得是你在强迫他接受你的价格，内心深处他会觉得自己输掉了这场谈判。

也许你会觉得这不是很重要，但是对方的感受却是非常重要的。一场优势谈判的关键在于——谈判结束的时候，一定要让对方觉得他是这场谈判的最后赢家。要想做到这一点，你千万不要在谈判的过程中主动提出价格折中，而是给对方暗示，鼓励对方提出来，这样做你不吃亏。实际上你是在支持对方做出让步和妥协，你可以装作非常不乐意地答应对方的条件，让他感觉自己才是这场谈判的赢家。

神奇的钳子策略

钳子策略在谈判中的运用是非常广泛的，也是非常有效果的一种谈判策略。应用起来简单便于掌握，只需要你告诉对方：“你还可以做得更好”就可以了。

你是不是也觉得非常神奇？

我亲眼见证过它的神奇，整个谈判过程，参与谈判的销售人员一言不发，进行了一场沉默的交易。事情是这样的：当时我、凯恩和亚伯围坐在一张圆形的会议桌旁，亚伯想从凯恩那里购买一座房产，亚伯提出了他的报价之后立刻紧闭嘴巴。可是凯恩是一个非常有经验的谈判专家，我敢打赌，当时凯恩心中一定在想："这小子居然敢和我玩这招？这简直不可思议。看我的，看我如何让他尝尝苦头，我也不说话，看谁可以忍耐到最后。"

我就这样坐在他们中间，他们表现得都非常坚强，也非常有耐心，谁也不肯先说一句话，都在等着对方开口。当时房间里寂静无声，只有钟表滴滴答答的响着。我看看凯恩，又看看亚伯。显然，他们都非常清楚对方心中的想法。事实上谁都不愿意先示弱。时间过去了很久，也有可能只是短短的几分钟，但在漫长的等待着，沉默是如此的难熬。你也知道在美国的人都非常讨厌沉默。最后，还是有经验的凯恩打破了这种僵局。只见他在一张纸上迅速地写下"最终决定"。然后，他把纸条轻轻地推到对面，我看到他故意把单词拼错。亚伯看了一眼纸条，想都没想，立刻指出了凯恩拼错的单词："你拼错了决定这个单词！"我相信你也见过亚伯这样的销售人员，一旦开始说话，就很难停下来。于是亚伯接着说出了这次谈判的内容。他对凯恩说："如果你对我刚才的报价接受不了的话，我可以把价格再提高3000美元，这已经是我能给出的最高价格了，你别指望我再给你多加一分钱了。"

凯恩甚至还没有开口说出他是不是接受这样的价格，亚伯就已经主动地调高了自己的报价。

假如你有一家钢铁公司，你们公司的主要业务就是批发钢材。你现在给一家金属加工厂打电话，他们听了你的详细介绍和你的报价。虽然他再三表示他不会换供应商，因为他们和现在的供应商相处得很融洽，面对他们委婉的拒绝，你并不在意。你知道吗？最终也许他们会试着考虑你的产品。当他这样说的时候："我们对现在的供货商非常满意，不过，我要是找一位后备的供货商对我们来说，也没什么坏处，对吧？这样可以让我们以前的供货商更加积极努力。不过要是你能把价格降低到1.3美元一磅，我可以试着先买一卡车。"听到这里你很兴奋！你要记住，这时你什么都不要做，你所做的只是冷静地告诉对方："非常抱歉，我认为你应该给个更好的价钱。"谈判高手会立刻说："到底是什么价格呢？"可是听到这样的话，没有经验的谈判者会马上做出很大的让步。事实上这位谈判高手的意思只是要你说出一个具体的数字来。"到底是什么价格呢？"当你说完这句话之后，就什么都不要再做了，闭上你的嘴巴，不要说出任何一句话来，因为你的目的已经达到了。对方有可能马上会表示同意，或者是做出让步。如果你还继续询问，一定要让对方给出一个正面的回答，这将会是非常愚蠢的做法。

在使用钳子策略的时候，你一定要记住，无论对方是报价的一方还是还价的一方，你只要说一句话就够了，"十分抱歉，你必须调整一下你的价格。"然后，你就紧闭你的嘴巴。

我们来看看美国国务卿基辛格是如何运用这一策略的：

越南战争期间，基辛格曾让一位副国务卿准备一份报告，这份报告是关于东南亚政治形势的。接到任务以后，那位副国务卿非常认真地完成了这份报告。他自己认为这份报告好极了，他精心包装了这份报告：不但有皮革的封面，烫金的大字，就连报告的内容也是非常全面的。

可是结果真的那么一帆风顺吗？当这份报告呈给基辛格看的时候，基辛格只在上面写了一句话："你应该做得更好一些。"虽然基辛格并没有开口说话，这位副国务卿还是补充修订了这份报告。这次他不但搜集了更多的资料来完善这份报告，还添加了一些表格，使这份报告看起来更加一目了然。终于做好了，这位副国务卿感觉这份报告棒极了，他兴高采烈地呈给了基辛格，以为这次无论如何也会使基辛格感到满意。

事实往往是非常残酷的，当这位副国务卿再次看到“你应该做得更好一些”的批示时，感觉自己面临了一个很大的挑战。他立刻召集手下人员，加班加点地工作，下定了决心，这次要做一份令基辛格感到无可挑剔的报告。当报告终于完成的那一刻，这位副国务卿亲自把报告交给基辛格，并说了这样的一段话：“基辛格先生，现在呈给你的这份报告被你否定了两次，我全部的人员加班了两个星期，做出了这份令我非常满意的报告，我相信我已经不可能做的再好了，因为这已经是我的最高水平了，希望这次令您感到满意。”基辛格把报告放到自己的办公桌上说：“既然你这么努力，我会看这次的报告。”

基辛格没有说一句话，只是在报告上写了“你应该做得更好一些”，就达到了自己的目的。你看，这就是钳子策略的神奇之处。

我常常碰到这样的事情。我的老朋友需要购买一批新的电脑设备，按照他们以往的模式，他要4家经销商给他们提交了报价。最终他选择了报价最低的那一家。当他正要接受对方报价的时候，想到了我常常给他讲的钳子策略。他心想：我为什么不试试它的神奇呢。他随手在报价单上写了这样一句话：“你还可以做得更好一点。”然后就把报价单给了经销商。结果你猜怎么样，他果然验证了钳子策略的神奇。那家经销商第二次的报价比第一次足足低了1.8万元。你也许会有疑问，你没有说出报价单的价格啊，我们怎么知道总价是多少。假如是6万元的总价便宜1.8万简直太了不起了。可是假如是一笔100万以上的大单子，这就不算什么了。你知道仅仅是写几个字的时间，就节省了这么多钱，怎么看都是非常合适的吧？

通过谈判所得到的每一笔钱都是额外的收入，所以你不要在意金钱的数目。一个优秀的谈判高手，接到报价单的时候，第一反应就是："你还可以给我一个更好的价格！"遇到自己的对手也使用这种策略的时候，你要学会运用反策略，谈判高手会这样反问："你到底想要我给出一个什么样的价格呢？"这样你就逼迫对方不得不给你一个具体的数字。

无论你有多忙，你都会愿意花上几分钟的时间去谈这样的一笔生意。毕竟重要的不是减少了百分之几，而是有没有减少金额，这就足够了。但是要记住，一定要计算好自己的时间价值，算出通过谈判得来的收益是不是值得你去付出。现在你知道如何使用钳子策略了吧。在使用时你只要说一句话就可以了："对不起，你必须调整一下价格"，然后就闭上嘴巴。

05

| 第五章 |

谈判成功密码

谈判时心情要好

参与谈判人员的心情好坏通常是由以下三个方面决定的：自己、对方、以及双方的关系。只要找到这些影响心情的因素，及时了解双方的心情，就可以使谈判双方的关系更加和谐，谈判也就容易获得成功。一个人的情绪可以感染身边的人，快乐的情绪可以带来更多的快乐，而沮丧的情感会带来更多的沮丧。在谈判中好情绪很容易就会感染对方，给人愉快的感觉。可坏情绪就像瘟疫一样，一旦控制不住，很快就会传染给别人，不但容易被对方利用，留下一个不好的印象，还有可能使你的谈判中断。谈判时心情一定要好，这也是谈判成功的密码。但要是遇到坏情绪的对方，也要了解清楚，尽快化解对方的坏脾气。

一名职员由于不满别人比他工资高，便气势汹汹地跑到经理室抗议："经理，不公平，我不干了。为什么罗菲亚和我一样工作，而他却可以比我挣的钱多？"面对这位鲁莽的职员，这位聪明的经理知道现在这位职员的心情不好，他并没有针对这件事去解释，而是安慰对方说："因为待遇不一样，你生气，我很了解你的心情，假如换成是我，我也会和你一样生气的！"

在没有问清楚为什么别人比他工资高的情况下，这位职员就贸然去找经理，本来就是怀着被开除的态度去的。他并不是真的不打算做，只是看到罗菲亚比他工资高，忍不住心中的怒气。本来他也知道，工资高自然有高的道理，可是愤怒使他失去了理智，他控制不了自己的情绪。

现在被经理这么一说，这位职员的愤怒消失了一大半。既然经理都理解他，那么他怎么好意思再去生气呢？于是他这样问经理："经理，你告诉我，既然我和罗菲亚做同样的事情，可是他比我的薪水高，这是为什么呢？"

面对这样的一个疑问，经理知道他气消了，现在可以给他做出解释："罗菲亚比你的学历高，比你的经验丰富，还有他比你来公司早。"面对经理的解释，这位职员明白了，同事比他工资高是有一定的道理的，于是平息了他的愤怒。

这位经理就是因为首先向对方表示理解，然后告诉对方有意见是很正常的，是应该的，有情绪也没什么错误。

我们总是处于一种感性的状态中，平静、害怕、开心、快乐或者是放松等，这些都是基本的情绪表现。在谈判的时候，我们要努力保持好的心情，因为好的心情会给我们带来放松。心情愉快就不会与客户争辩，说赢对方并不等于是谈判胜利，而心情愉快可以使人忘却烦恼、放松身心。当一个人的心情愉快时，双方的交谈才不会变成负担，说话时幽默风趣，针对不同人说不同的话。

一个好心情的人，会时刻保持微笑，而微笑是表达友好的一种方式。微笑是全世界通用的语言，笑口常开会给自己和客户带来好的心情。当参与谈判的人员心情愉快时，所有的问题都比较好谈。

这是谈判中的一种积极态度，快乐的谈判者经历过谈判后会满怀喜色。

积极的谈判态度确实比冷淡或者坏脾气更加有效。比如在一次大型的综合协议的谈判中，积极快乐的谈判者也遇到了积极快乐的对方，那么他们的谈判结果往往是积极快乐的；而那些保持中立的谈判假如遇到同样中立的对方，谈判的结果就会差一些。如果谈判双方在谈判期间都保持一个较好的情绪，那么双方所得到的利益就会增长。

富兰克林·贝特格以前是著名球手，他现在成为了一名成功的保险商。大家问他成功的秘密是什么？他说："保持好心情！"他多年前做过一个实验，发现那些心情好的人永远都会受到人们的欢迎。在他的保险生涯中，每当他走进别人的办公室之前，他都会停下来想一想那些愉快的事情，使自己的心情变得愉快，从内心发出真诚的微笑。正是这种十分简单的方法，使他在保险推销业务中获得了很大的成功。

巧妙的控制话题

在人际交往中，好的话题能够给人留下深刻的印象，让对方记住你。特别是在谈判中，控制话题更能使你获得成功。虽然参与谈判的人员的性格和特点各不相同，可是谈判的最终目的都是为了双赢。如果想要达到双赢的目的，就要在谈判中争取主动，巧妙地控制谈判的话题，这样才能在谈判中占据一定的优势，使谈判朝着最有利于自己的方向发展。

控制话题的主动权，不让谈话失去方向，这样就会达到自己想要的效果。苏格拉底最擅长言辞，他创立的问答法至今有着独特的魅力，成为谈话的一种经典方式。什么是问答法？问答法的主要内容就是当我们与人谈话的时候，如果想要说服别人，就要面临一些有分歧的话题。我们需要根据这个话题的共同点对话题进行控制，一步步地引导对方作出肯定的回答，这样话题就会朝着我们希望的方面发展。

黛丽丝是一家汽车公司的销售员。一次她与客户进行了一次交谈，我们来看看他们是如何通过交谈来控制话题的。

黛丽丝：嗨，你好，你有兴趣看一下我们公司最新推出的4吨位的汽车吗？

客户：哦，不好意思，我们已经有一辆两吨位的汽车了，目前还没有换车的打算。

黛丽丝：你说的没错，至少目前来说，两吨位的汽车确实比四吨位的汽车更加经济合算些。

客户：确实如此。

黛丽丝：我想问一下，你需要的汽车的平均载重量是多少呢？

客户：两吨。

黛丽丝：听起来，这只是个平均数，对吗？

客户：是的，确实是平均数。

黛丽丝：嗯，也就是说，有时候也有可能用它来运载超过两吨的货物，是这样吗？

客户：是。

黛丽丝：假如装有超载重量的货物在丘陵地带行驶，你的汽车承受的压力比正常的情况要大，是这样吧？

客户：是的，这很正常。而且，我们常常在丘陵地带行驶。

黛丽丝：冬天一般是汽车运营的旺季，是这样吗？

客户：是啊，夏季的生意一般都不太好，可冬天却常常超载。

黛丽丝：最不幸的是，丘陵地带的冬天一般都特别长。

客户：哦，是的，我最烦恼这一点。

黛丽丝：也就是说，你的汽车常常处于超负荷的状态了？

客户：确实是这么回事。

黛丽丝：您知道这会影响汽车的寿命，不是吗？

客户：是的。

黛丽丝：那么，假如你拥有两辆汽车，你让四吨位的汽车在旺季的时候运营，而让两吨位的汽车在淡季运营，这两辆车的使用寿命会不会延长呢？

客户：好像是这样。

你猜黛丽丝获得她想要的订单了吗？答案是肯定的！

客户一开始看起来并不想购买汽车，因为他已经有一辆车了。但是黛丽丝巧妙地控制了话题，运用说服技巧，让谈判向着对她有利的一面发展，最后终于取得了谈判的胜利。这就是控制话题的大作用，不可小觑。

你的问答技巧，使得你控制了所有的话题，或者是朝着你要说的话转，或者是为了你将要说的话做铺垫，不让它失去方位。

提起胡佛总统，许多记者想到的是他的沉默。你要想听他说话，那简直比登天还难。可是，芝加哥的一个记者却很容易地做到了这一点，他不但和胡佛总统说话，还与胡佛总统谈了两个多小时。

那时候的胡佛只是共和党的总统候选人。年轻的记者里尼提在一次偶然的机会中有幸与胡佛同坐一辆列车，还采访了他。一开始，当里尼提询问问题的时候，胡佛总是简单地回答“是”或者“不是”，然后就长时间地陷入了沉思，里尼提感觉很尴尬。虽然他很早就知道胡佛的习惯，并为此提前做了充足的准备，可是当里尼看到这种情况的时候，还是觉得心里有点别扭，他想改变这个局面，于是他开始思考解决这个问题的办法。突然他的脑海中灵光一现，他想到了一个话题：采矿。里尼故意装作不知道人们使用最新的方法采矿，他向胡佛请教采矿问题，胡佛从里尼的话语中得知里尼还不知道新的采矿方法呢，刚好胡佛对此很感兴趣，于是他就忍不住地开始说起来："早就不用以前的方法了，现在全国都在采用最新的采矿方法。"接着胡佛就打开了话匣子，滔滔不绝地说了起来，从采矿到石油，从航空到邮政等。当时与胡佛同坐一车的都是有地位的人，但是胡佛对他们却一句话也不说，对他们不理不睬，却偏偏与里尼提谈了两个多小时。里尼提是个平凡的、默默无闻的记者，却因为一个合适的话题就与胡佛总统聊了很久。由此可见，一个共同的话题在谈判中所占的地位是多么重要！所以，控制话题在谈判中起到关键的作用。

特别是当你与对手站在对立的位置时，你们之间的交流常常需要借助第三者来完成。也就是说你们都各自提出自己的意见和要求，对某一个问题发表自己的看法，尽量隐藏自己的想法，不让对方探测到自己的实力，都想在适当的时候做出反击，取得谈判胜利。这是一种错误的做法！你们这样做，是很难取得谈判的成功的。只要你用心想就会发现一个问题，你们的目的并不是完全一样。你们有必要建立一种信任，你们双方要把自己的实际问题说出来，共同努力看能否找到一个共同的话题。这样一来，成功的可能性就大了很多。

满足对方的需求

我们知道，人们在做一件事情时，都希望能够达到自己的目的，哪怕是一个思想高尚的人也不例外。奥福斯教授在《影响人类行为》一书中写了这样一句话："行动，总是由一定的基本欲望而引起的……不管是在商界、家庭、学校还是政治界，那些能够引起别人渴望的人，才真正是不败的高手。”特别是在谈判中，能够考虑到对方的需求，以及如何做才能实现双方利益的最大化，就比较容易达到自己的目的。站在对方的角度看问题，指出对方的利益所在，满足对方的需求，对方就会欣然与你合作。

拿破仑26岁的时候，已经是总司令了。可是他刚刚上任时，全军的军需供应十分紧张，在这种危急的时刻，拿破仑做了一个大胆并重要的决定：攻打通往意大利的要塞，然后占领意大利。在部队出发之前，拿破仑进行了这样的演说：“伟大的战士们，我知道你们现在的处境非常糟糕，我们的共和国亏欠你们的太多了。但是就目前这种情况来说，我们没有足够的能力为你们做更多的事情。而现在我要带你们到敌人最富足的地方去，到了那里之后，你们将会吃的饱、穿的暖，有好房子住，那些富饶的城镇和乡村都将属于你们。你们还会拥有一个美好的前景，为了你们的美好生活，去战斗吧！”

拿破仑的这番演讲，激励了原本身心俱疲的士兵。最后他们一鼓作气攻进了意大利，取得了战争的胜利。由于拿破仑抓住了战士们的需求，说出了战士们的利益所在，找到了战士们努力战斗的根本原因，发表富有煽动性的演讲，从而能够在那么困难的条件下建立战功。

社会交际学上有一句名言：先满足别人的需求，然后才满足自己的需求。

说到这里，我们不得不佩服幼儿园的老师们。当成百上千的孩子们聚集在一起的时候，场面是多么的混乱，但老师们都镇定自若。我问他们是如何处理这个难题的，老师们却告诉我说：“这很容易啊！”他们的回答令我吃惊。我问他们：“那些刚来的孩子，总是会有很多的麻烦事，比如哭闹、害怕、找妈妈、大小便等，你们是如何面对并应付这些的呢？”

一位老师告诉我，只要你知道了孩子们的心理需求，比如你知道他们想要什么，他们喜欢什么，这些都不是问题。有一个孩子刚来的时候，总是需要家长陪同一起来上课，但是我告诉他：“约翰，你看杰克都不需要妈妈陪同了，你让妈妈回家给你做好吃的午餐，怎么样？”这样约翰就会主动要求妈妈回家，不需要陪他了。对付那些爱哭的孩子，办法也是很简单的，老师通常会说：“玛丽，你看大家都没有哭，只有你一个人在哭，等一会儿，我们要为那些不哭的孩子发一块好吃的蛋糕。”听到这里，那位孩子会马上停止哭闹。

正是因为幼儿园的老师了解孩子的需求，孩子才会停止哭闹。同样的道理对大人一样有用，而律师威廉就是因为这样获得了一大笔的继承权。

他第一次陪同妻子去看望妻子的姑妈，妻子有事离开了之后，就剩下威廉一个人陪着姑妈聊天。姑妈年纪很大了，由于常年的独处使姑妈看起来没有多少快乐可言。于是，威廉就想办法让姑妈高兴。

姑妈家的房子设计的很漂亮。威廉就从这座房子开始：“姑妈，你家的这座房子非常典雅、漂亮。刚开始拉苏尔给我说的时候，我还很怀疑呢，现在我却一点都不怀疑了。现在我很难看到设计得这么完美的房子了，请您给我讲一讲这座房子的历史吧！”

姑妈听了这话果然很高兴，因为人常常在谈论自己往事的时候才最快乐。姑妈告诉威廉，这座房子是与丈夫一起设计的，然后他们用了很多年的时间才把这座房子建造完成。那个时候，他们是多么的快乐啊！

姑妈领着威廉参观了这座房子的很多古老的房间和器具，威廉对看到的这些东西表示了自己的赞叹和惊喜，姑妈很高兴。他们来到了车库，威廉看到了一辆全新的凯迪拉克轿车。姑妈告诉威廉说，这辆车子是她丈夫去世前不久买的，在丈夫去世后，姑妈再也没有开过这辆车子。现在姑妈打算把这辆车子送给威廉。威廉很意外，他并不想接受这么贵重的礼物。他建议姑妈可以卖掉它，可是姑妈却激动地说："哦，绝不，我不需要钱，我只是不想我丈夫的汽车别人到处乱开。你是一个懂得欣赏的人，我才把它送给你。"

姑妈坚持要送给威廉，威廉无法拒绝姑妈的好意，因为不接受的话姑妈会很难过。你看，由于威廉知道姑妈的孤单和不快乐，他只是表达了对姑妈过去的赞美和欣赏，而这些正是姑妈内心最想要的东西。也许在姑妈看来，送给威廉一辆汽车还不足够表达对威廉的感激之情。这一切都是因为威廉满足了姑妈的心理需求，即使威廉并不想得到什么。

在谈判中也是如此。当你了解了对方的需求，然后尽量满足他的需求，对方才能满足你的需求。

克林顿与老布什竞选总统一职的时候，在现场辩论赛中，有位女士问他们说："如果你们竞选上了总统，会做些什么实际的工作来帮助那些贫苦人民呢？"老布什虽然政绩辉煌，还多次担任政府要员，但是他缺乏社会基层经验，对于这个问题，他不知道如何回答，他选择了回避。克林顿走到这位女士的面前，握住这位女士的手说："我完全理解你的感受，因为我来自一个贫穷的家庭，我能深深感受到那种痛苦和绝望。"就是因为这一番话，让原本毫无胜算的克林顿获得了大量的民众支持，最终在这场竞选中脱颖而出。克林顿抓住了民众的需求，才最终获得支持，为他自己赢来了总统这一要职。

获得对方的信任

双方彼此信任是谈判成功的必要条件之一。如果你的对手信任你，他们就会相信你所说的话，反之如果不信任你，他们就不会相信你所说的话。所以，赢得对方的信任，是你能够进行成功谈判的第一步。那么，你该如何做，才能够获得对方的信任呢?

在谈判的时候，不要假设你的顾客相信你。

有些销售员在遇到顾客质疑或者指出缺点之后，会觉得很不开心。其实，这种情况经常会遇到，当你被要求出示会员卡或者进出学校大门的时候被要求出示学生证明，你多少都会有点不高兴。我们总是一厢情愿地认为自己应该得到他人的信任，所以当有人对你表示不信任的时候，我们就会非常生气。

当我们面对客户的时候，你要尽自己的最大努力使你的客户觉得你是值得信任的，给对方承诺，使对方相信你的诚意和决心。

在生活谈判中，随处可见这样的承诺。比如你去买衣服，可是又担心衣服的质量问题，店家会给你做出承诺："这件衣服要是出现质量问题，我们包换包退。"或者你去买西瓜，瓜农会告诉你说："我的瓜包熟包甜，可以当场打开，要是打开了不熟，一分钱不收。"当你得到这样的保证的时候，往往就会买下来。

谈判是双方根据自己的需要，寻求最大利益的一个过程，所以谈判不是你输我赢的游戏，而是双赢。有时候要想达到双赢效果，就必须先让对方赢。你可以做一些对对方有利的事，说一些有利于对方的话，使对方感到你是在为他着想，你提出的建议也是为了给他带来利益，这样就容易取得对方的信任。

1858年，林肯竞选美国上议院，需要到伊利诺斯州南部进行演说，以赢取那里的选票。不过，他要获得这些选票却很难，因为林肯是一个废奴主义者，南部的农场主拥有大量的黑奴，他们自然是不愿意林肯当选的，他们的矛盾十分尖锐。甚至有些野蛮的当地人放出大话，只要林肯敢来，就要立即把他杀死。你看人们对林肯是多么不信任啊，可以说那里的人们敌视林肯，巴不得他立刻死呢。但是威胁和危险并没有阻挡住林肯前进的步伐，他坚信只要给他几分钟的时间就可以了。在演说之前，林肯和当地的几位首领一一握手，然后开始了他的演说："朋友们，我来之前就听到了一个谣言，说你们中的一些人要和我作对，如果有的话，那么这些人一定就坐在下面吧？可是，我不相信这是真的，因为你们没有理由这么做啊，我也与你们一样，从艰苦的乡村中爬出来的，是一个爽快直率的农民，我为什么不能和你们一样发表自己的意见呢？朋友们，我了解你们，将来你们就会知道，我是怎么样的一个人，我并不想与你们作对，所以也请你们不要与我作对。现在，我站在了这里，我们就成为了好朋友。我是一个谦和的人，我诚恳地要求你们能够给我说几句话的时间，豪爽的你们一定不会拒绝我这个朋友的小小要求吧？那么现在就让我们公开地讨论一下严重的问题吧！"

听完林肯的这段话，原本愤怒的人们也开始为他鼓掌，这里的大部分人成为了林肯的朋友，他们开始信任林肯。正是有了这些人的帮助，林肯才能当选为美国的总统。

由于林肯意识到不信任与信任之间的巨大差别，所以他才积极地向这些人说明他与他们是朋友，他们之间没有不可逾越的鸿沟。

当你还在为对方的不信任发愁的时候，当你还在不知所措的时候，仔细想想说话与沟通的技巧。你的微笑会使你看起来更加真诚，这样就能够帮助你取得别人的信任了。

在谈判中，要想获得对方的信任，看看以下的一些建议：

1. 期待之外的话，惊喜并产生信赖

我们在与对方接触之前，都会对他的职业，地位产生一种明显的期待，也会猜测这个人大概会说些什么话。如果双方是第一次交往，当他能够说出你期望的那些内容之外的话，特别是那些让你感动的话，这样的意外惊喜会使你增加对他的信赖的程度。

2. 以齐全的资料说服对方

在很多情况下，你会发现想要说服对方不是一件容易的事。这时你可以使用文字资料来帮助你。当你做出决定的时候，对方往往会根据对你的情况的了解程度做出一个较为全面的统计。为对方提前准备一份详细、齐全的资料来说服对方，获得对方的信任。如果你在工作中善于运用数字进行表达，就会给人留下细心、精确的好印象。这种办法也可以用在其他的方面，只要你记住事情的细微之处，很自然地表达出来，给人的感觉就是你很细心。

3. 遵守约定

与别人定下的约定要去遵守。在一般人的观念中，不信守承诺就是不诚实的表现。如果你能够遵守你与别人的约定，并且真的去履行，这样就会给对方带去一份安全，会增加对方的信赖感。

4. 复述一下对方的意见

不管是打电话还是当面交谈，认真倾听别人说话是很重要的。倾听的时候，如果你不仅仅是随声附和，而是在适当的时候把别人说的话复述一下，效果会更加明显。既可以避免你们双方交流中出现的理解上的差异，又能加深印象，增强对方的信任心理。

5. 真诚地打招呼或者道别

当我们与别人见面或分手的时候，总是习惯于打招呼。如果你一边收拾物品，一边与人打招呼，会让对方感觉你是例行公事而已，你的漫不经心会让对方记忆深刻。当你与别人打招呼的时候，最好的做法就是停下手中的事情，注视对方的眼睛，充满诚意地表示你的态度。因为真诚地与他人打招呼，也是取得他人信赖的好办法。

6. 让你自己值得信任

销售人员很大程度上其实是在销售自己的魅力。客户对你的产品的优点是否信任，在一定程度上取决于你和你采取的方法。你可以通过改变你的形象去赢得客户对你的信任。

一个方法是使你自己穿得像个成功人士。同样推销一种产品，人们更愿意相信衣冠楚楚的人所说的话，不仅是因为穿戴整齐、举止高雅的人更使我们觉得赏心悦目，而是我们更加相信，一个成功人士是不会依靠业绩和回报来维持生计的。

另一个方法是尽量使自己表现得像一个优雅的人，这样会赢得更多的信任。人们总是会愿意相信一个谈吐优雅的人所说的话，因为他的观点可能更加地客观、全面。

信任是连接人与人之间情感的纽带，谈判是人与人的合作、交流。所以应该充分调动人与人之间的情感，才能获得对方的信任，让合作双方实现共赢的目的。

找到共同点

我们每一个人都有自己的兴趣和爱好，都希望自己的要求能够得到满足。一旦有人能够理解和满足我们的需求，我们就会对他产生一种信任和好感，自然也就愿意与对方进行合作与交流。所以说在谈判中，找到谈判双方的共同点，消除敌意，使谈判在友好的气氛中进行，有助于谈判协议的达成，说不定还会和对方交上朋友呢。

谈判时，为了使谈判形成对自己有利的局面，参与谈判的人员可以根据自己的需求、爱好，有意地迎合对方，使双方达成共识。在找到共同点的基础上，提出自己的要求和条件，使对方容易接受和认可，从而实现谈判的目的。

迪吧诺公司以生产面包远近闻名，当时纽约有很多家的大酒店和餐饮消费场所都与这家公司有业务合作，因此，他们公司的面包销量越来越大。可是，迪吧诺公司附近的一家大型的饭店一直没有向他们订购过面包，这种局面一直延续了四年。

销售经理及公司创始人迪吧诺先生在这四年当中，采取了无数的办法，他每周都会去拜访这家大饭店的经理，还去参加这家饭店举行的会议。有时候，甚至以客人的身份入住该饭店，他想方设法地同这家大饭店进行接触，一次又一次地推销谈判。可是，无论迪吧诺先生采用任何手段，就是没办法促成谈判的成功。面对这样的僵局，迪吧诺暗下决心，一定要谈判成功，不达到目的决不罢休。从这之后，迪吧诺改变了自己的推销计划，他开始关注这家饭店的经理，了解这位经理的兴趣、爱好，并对这位经理进行调查研究。长时间的调查使迪吧诺发现，这家饭店的经理不但是美国饭店协会的会员，还担任会长一职。

这一重大发现给了迪吧诺很大的帮助，当他再一次去拜访饭店经理时，他就以饭店协会为话题，围绕协会的有关事宜和这位经理交谈起来，果然引起了这位经理的极大兴趣。他侃侃而谈，兴奋而快乐。

谈到饭店协会的事情，口口声声说这个协会给他带来了无法想象的乐趣，他还邀请迪吧诺参加这个协会。这一次迪吧诺一点也没有提起自己销售面包的事情，他只是从经理所关心的协会谈起，可是他们两个却有说不完的话似的，取到了很多一致性的看法和意见。饭店经理甚至还表示同迪吧诺先生有相见恨晚之感。几天之后，这位经理给迪吧诺打来了电话，希望他立刻把面包的样品及价格表送到饭店。

当饭店负责采购的负责人在与迪吧诺进行谈判的时候还说，不知道他究竟使用了什么绝招，使得老板那么赏识与信任他，决定与迪吧诺公司进行长期的业务合作。听到这些夸奖的话，迪吧诺先生苦笑不已，自己向他们推销了四年的面包，进行过很多次的谈判，可是竟然连一块面包都没有卖出去。现在只是因为对经理关心的事情表达了自己的关注而已，却获得了长期的合作机会。如果不是找到这个方法，估计直到现在自己还在经理的身后推销面包呢。

在人际交往中，随着双方交往的不断加深，会发现越来越多的共同点。即使是素不相识的人，也有会共同点。在谈判中，谈判双方的目的本来就是为了找到双方的共同之处。随着谈判的进行，双方的共同点会越来越多，关系也会越来越融洽。寻找共同点，要注意以下几点：

1. 工作中的共同点，比如共同的职业、共同的追求、共同的奋斗目标等。

2. 生活上的共同点，比如共同的国籍，共同的家乡等。

3. 兴趣上的共同点，比如共同喜欢的电影、喜欢的体育明星、国内外大事等。在同陌生人交往时，如果想要说服他，最好的办法就是可以找到双方都熟悉的另外一个人，这样双方就容易交流了。

美国著名作家欧·亨利就给我们讲过一个病人同强盗成为朋友的

故事：一个人因为生病躺在床上，正在百无聊赖之时，忽然来了一位蒙脸大汉，这是一位强盗。当这位强盗举起手枪对准病人，进行威胁：“举起手来，把钱拿出来丢给我。”躺在床上的这位病人哭丧着脸说：“先生，你看我现在这种情况，还能举起手来吗？我患了非常严重的风湿病，躺着的时候，手臂都疼痛难忍，我也想举手来运动一下啊，可是我哪能举得起来呢？”

强盗听了他的话之后，口气马上变了：“哎，老哥！我理解你啊，我也深受此病的困扰，只不过比你的要轻多了。你患这种病大概有多长时间了？平时都吃什么药呢？”躺在床上的病人把他吃过的药从水杨酸钠到各类激素都说了一遍。强盗还给出建议说：“水杨酸钠可不是好药，那是医生用来骗钱的药，吃了它不见好也不见坏。”

于是他们两人热烈地讨论起病情来，特别对那些骗人的药，他们两人的看法居然一致，两人越谈越熟悉。最后强盗在不知不觉中坐在床上，并扶病人坐了起来。强盗发现自己手里还举着枪，觉得十分尴尬，于是他把枪放起来，对病人道歉，并希望能够对病人有所帮助。病人说：“我们两人挺有缘分的，一起喝一杯吧，我的酒柜里有酒杯和酒，你去拿来，咱们庆祝一下。”强盗说：“不如咱们到外边的酒馆喝个痛快，如何？”病人苦着脸说：“我的手臂太疼了，我穿不上外衣。”强盗说：“没事，我可以帮你穿。”就这样，强盗帮助病人穿戴好，一起去酒馆喝酒。刚出门病人叫住强盗说：“我还没拿钱呢。”强盗说：“我请客！”你看，短短的时间，病人与强盗竟然因为共同点很快地成了朋友，这是一件多么不可思议的事情呀！其实你也可以，在谈判中，只要你能够顺利地找到对方与你的共同点，你就可以很快地解决那些难解的问题，很快达成有利于你们双方的协议。

让对方无法拒绝的魅力

我们每个人都有自己独特的魅力，你可以不漂亮，但是不能没有魅力。特别是在与别人进行交流的时候，你的魅力决定你在别人心中的地位。

谈判中最常见的就是微笑，恰到好处的微笑可以给你的谈判加分不少。微笑是社交上最有用的一种表情，双方对方案有不同的见解，甚至是分歧很大，也不要板起面孔。在这样的情况下，更应该表现出你的宽容大度，你发自内心的一个坦诚的微笑，能够给对方的心灵带来安慰。

比如初次见面，你们的一句幽默小笑话，可以消除双方的陌生感。当你出现口误，身处窘境的时候，你自嘲地开个玩笑，不但可以摆脱困境，还可以给人留下一个深刻的印象。遇到争执的时候，你们双方谅解的大度一笑可以缓解紧张气氛。

微笑是任何人都拒绝不了的魅力，当你对别人微笑的时候，对方也会微笑着对待你。微笑在人际交往中是最神奇的一种人格魅力。在人与人的交往中，他人对你的态度很大程度上来自于你对他人的态度。你笑的越多，别人对你的态度就会越好。谈判中也是如此。通过调查得知，在谈判中适当的微笑是可以产生积极的效应，特别是在谈判初期，谈判双方在对对方进行评估的时候，微笑可以使谈判双方获得最大的利益。

美国人寿保险推销第一高手威廉·怀拉的年收入高达百万美元，而使他获得这一成绩的最大原因就在于他的微笑。

威廉曾是美国非常有名的职业棒球明星。但是他因为喜欢推销，所以在40岁退休之后就去应征保险公司的业务员。长期的棒球明星生涯使得他非常自信，他以为保险公司会争着抢他，因为他的知名度很高，这会给保险公司带来利益。可理想很丰满，现实很残酷。事实证明，他错了，保险公司不要他，他觉得这简直太不可思议。最后保险公司的经理给他说了不要他的原因——非常简单，因为他不会微笑，而微笑却是保险公司的推销员成功的最根本的秘密。一个连微笑都不愿意给周围的人，你觉得他能够做推销员吗？威廉这才明白，原来活了40年，竟然忘记了微笑的魅力。于是威廉苦学微笑，他每天在家里不断练习，还收集了很多关于笑的图片，寻找微笑的细微差别，不断比较笑与笑的区别。经过训练与观察，他终于发现，原来微笑的真谛就是发自内心的微笑，世界上最迷人的微笑就是婴儿天真无邪的微笑。正是微笑成就了威廉的保险事业，等他成为百万富翁之后，他常常说："一个不会笑的人，是永远无法体验人生的美妙的。"

有时候，很多难以办成的事情，却因为你的一个微笑而迎刃而解。独居的琳娜因为真诚的微笑竟然躲过了一场灾难。我想你可能已经听过这个故事：一天，琳娜听到了一阵敲门声，等她打开门之后，竟然发现一个持刀男子，他正恶狠狠地注视着自己！很明显，这是一个上门的强盗。可是，琳娜灵机一动，她微笑着说："先生，你好，快进屋，我真是太感谢你了。我刚刚正为我的菜刀而烦恼呢，我要试试你的菜刀怎么样。这种样式不错，给我来一把！"她把这位凶恶的男子让进屋，接着微笑地说道，"见到你真高兴！"这位强盗并没有想到会是这样的微笑相对，他做强盗也是因为生活所迫，压力太大，觉得活着没什么意思。现在看到魅力四射的琳娜，顿时觉得生活原来还没有那么糟糕。他害羞起来，对琳娜说了声谢谢，并接过琳娜递过来的钱之后，转身离开。在出门的一瞬间，他真诚地告诉琳娜："小姐，谢谢你的微笑，你改变了我的一生！”

你看，微笑是多么神奇啊，竟然可以使凶残的强盗变成了一个害羞的小伙子，改变了他的一生。

由此可见，微笑的魅力使人难以抗拒，即使是一个强盗！更何况是谈判呢！面对客户，要想提高谈判的效果，只需一个真诚的微笑。微笑是通往胜利的保障，它投资少，收益大。在市场竞争激烈，高手如林的当今社会，要想使自己获得成功，更需要优质的服务，而具有魅力的微笑又是成功的关键。说起微笑服务，就不得不提希尔顿酒店，世界上再也没有比美国的希尔顿饭店更为成功的微笑服务了。“希尔顿饭店服务员的脸上永远是微笑的，这种微笑永远是属于旅客的阳光。”正是因为微笑，希尔顿饭店在不到90年的时间里，从一家规模比较小的饭店发展到如今遍布世界各大城市的200多家，光年利润就高达数亿美元，资金由刚开始的5000美元发展到几百亿美元。老希尔顿生前最快乐的事情就是乘飞机到世界各国的希尔顿连锁饭店视察工作，他对员工的第一句话就是他的那句名言：“今天，你对客人微笑了吗？”

希尔顿酒店员工的微笑与他们的目光和训练融为一体，成为了令客户赞不绝口的“美味佳肴”。客人一见就知道你是在为他而服务，你乐于帮助他们，使客人感觉这就是在家里一样温馨、舒适。

人生处处需要谈判，无论是人际交往中的谈判，还是面对孩子要求的谈判，或者是商务谈判，都需要微笑。微笑在谈判中可以起到关键作用，特别是谈判陷入僵局的时候，一个真诚的微笑会让你的对方改变他的决定，这只是举手投足之间的小事，可是结果却会让对方满意，这就是你成功的关键所在。

06

| 第六章 |

倾听是一门艺术

善于倾听

无论是生活中还是工作中，善于倾听对方是非常重要的。特别是在谈判中，专心地听比滔滔不绝地说更为重要。谈判高手能够很好地把握住这一点，优势谈判者一定是个很好的倾听者。当然倾听也并不是一件简单的事情。尼尔伦伯格就曾经明确地指出，倾听是发现对方需要的重要手段。美国谈判学家卡洛斯也说过这样的话：“如果你想给对方一个你丝毫无损的让步，这很容易做到，你只要注意倾听他说话就成了，倾听是你能做的一个最省钱的让步。”

人际交往中，往往是那些善于倾听的人给人留下较好的印象。特别是在谈判中，当你认真专注地听对方讲解、观察对方的表情和举止变化时，你可以全面地了解对方。你的善于倾听可以获得对方的信任与好感，当对方把你当成朋友的时候，你们的谈判就会顺利好多。

倾听别人的话，胜过你一千句的争论，许多金钱解决不了的事情，往往通过倾听很顺利就能解决。那些成功的人之所以成功就在于他们懂得倾听的重要性。

纽约电话公司遇见了一件非常麻烦的事情，有一位顾客不但拒绝缴纳电话费，还辱骂接线员，甚至还给媒体写信，恶毒地攻击电话公司，最后还向公众服务会投诉。这一切到底是因为什么呢？电话公司也不清楚，他们不想惹麻烦，于是派人拜访那位顾客才将这件事摆平。他是如何做到的呢?

他说了这样的话:“我第一次去那位老先生的家里的时候,他说了整整三个小时,一直在说他的不满,我能做的就是听他说。以后我每次去,都只带耳朵不带嘴巴,认真倾听他讲话。就这样,我第四次去的时候,解决了问题。老先生给我们道歉,并缴纳了电话费,还答应撤销诉讼。”

这个例子说明那位客户之所以那样做的原因并不是真的捣乱或者是与电话公司对抗,只是因为他没有得到电话公司接线员的尊重,他所做的一切仅仅是因为他想得到尊重。那位高明的协调员就是抓住老先生的这个心理,倾听他的心愿,适当地称赞他,最后获得了谈判的胜利。

做保险生意获得成功的第一人哈默里先生也深深懂得倾听的重要性,正是由于他的这一秘诀,才获得了“世界第一保险推销员”的美誉。

每当他同客户谈话的时候,他都是认真地在倾听对方的说话,由于他的倾听,他获得了客户的一致好评。他的客户在他面前感觉轻松自在,没有压力感,觉得和他在一起是愉快的。要是遇到不善于谈话的客户,他会想办法提问题,鼓励对方说话。正是这样的方式,才使他在一年之内,做成了几千万美元的保险业务。

摄影记者伊斯阿克·麦克逊采访过世界上的许多名人,他成功的方法也是因为善于倾听。倾听可以给别人留下很好的印象,许多人不成功,在于他们不善于倾听。现实生活中,有太多的人只关心自己,只考虑自己要说些什么,从来不给对方说话的机会,没有耐心听对方把话讲完。要知道那些善于倾听别人说话的人,更容易获得别人的喜欢与尊重。

善于倾听客户的心声也是有技巧的，我们现在以汉普顿旅馆为例。汉普顿旅馆是普罗默斯公司的一家连锁旅馆，公司为了吸引顾客，首先做的一点就是要弄明白客户选择这个旅馆的原因，还做出了一个规定，不管客户有什么理由，只要对住宿不满意就可以退款，但是必须要告诉他们不满意的地方和原因。普罗默斯公司因为这个退款原因明白了很多客户的烦恼所在，比如有不少客户是因为缺少熨斗和熨衣板。这个问题不难解决，普罗默斯公司当即购买了熨斗并设了专门的服务生，哪里需要就送到哪里。这远远满足不了客户对熨斗的需求。后来普罗默斯公司给每个房间里都配备了熨斗和熨衣板。自从这个问题解决之后，汉普顿旅馆的入住率大大提高。

有句话说的好："会说的不如会听的。"最重要的就是倾听对方说话，这比阿谀奉承更重要。

我们要如何倾听呢?

首先你要少说话，注意观察对方。对对方的谈话要表现出很大的兴趣，试着从对方的角度去分析问题，让对方觉得你是一个很好的听众。

其次在沟通的过程中，你要敢于表达你的意见和感受，给别人留下深刻的印象。你说的话要简单易懂，不要和对方发生争执。由于谈判双方的利益出发点不同，那么在谈判中，你和对方肯定有不一致的地方，哪怕你心里多么想打断对方的话，但是也要控制自己，放松心情，记住对方谈话的要点。

最后在事情没弄明白之前，不要立刻做出判断。你可以先记住对方的谈判要点，直到你弄明白为止。注意不要心存偏见，诚实地面对对方，容忍对方的偏见。

倾听别人讲话一定要全神贯注

倾听对方说话的时候一定要全神贯注。试想一下，假如在你说话的时候，对方根本就不看你，你会如何想？相信你心里会想：“他对我的话不敢兴趣，他是很冷漠的一个人。”

在倾听别人讲话的时候，你需要配合对方的谈话，及时地点头表示称赞，你的配合会给对方传达你的信息——他在认真地听我讲话呢，他对我的话感兴趣。你的面部表情、目光，都可以让对方知道你是在认真地听他说话。

特别是在倾听的时候，不要进行小动作—— 一会儿看看表，一会儿翻翻资料，随手乱写，一会儿打个哈欠，一会儿扭扭脖子。这些小举动会泄露你的大秘密，你很厌烦，你对话题不感兴趣。你这样做的后果是因为你没有集中精力听他讲，很可能就会漏掉他说的一些重要的信息。

在听的时候，你可以适当地发表自己的意见，用自己的话把对方的话重复一遍。比如你的意思是不是……或者附上你的“嗯，对对，就是这样，确实如此……”这样做有两个好处，一是说明你在认真地倾听，二是重复对方的话，可以进一步验证你的理解是正确的。你把这些信息反馈给说话者的时候，他们也有机会验证自己是否完全正确。不要随便打断对方的讲话，当你想要表达你的意见和态度之前，你要先听对方的想法，他的意思是要如何，你不要去猜测。遇到不明白的地方暂时不要试图打断他，等他说完，也许你就会明白事情的原委了。

福特公司的汽车销售员拉克是一个优秀的销售员，可是他却因为没有全神贯注地认真倾听他的客户说话，而失去了他的订单。事情的经过是这样的：有一天下午，他们店来了一名西装革履、神采飞扬的顾客，拉克凭借以往的经验做出判断，这是一个优质的客户，而且这名顾客一定会买下车子。他热情地接待了这位客户，带着这位客户看了各种不同型号的汽车，并作了详细的介绍。那位客户听着拉克的介绍，不时地点头微笑。然后，他们两个人一起向办公室走去，准备办理相关的手续。本以为很顺利的场面却出现了意外。这位客户去办公室的路上，突然发起脾气来，到最后竟然拂袖而去。要知道，从展览室到办公司的路程还不到3分钟，到底在路上发生了什么事情，使得这位客户莫名其妙地发脾气呢？

拉克想来想去也不明白。他分析了好多原因，但无论是从讲解还是介绍性能方面他坐得都非常出色呀！到底是什么原因造成了客户的突然变脸呢？拉克是个不明白就问的人，否则他也不会有目前这么好的销售业绩。当天晚上，拉克找到了那位客户的联系方式，给他打电话问个究竟。“先生，这么晚打扰您实在不好意思，可是我有一个问题想请教您，也只有您才可以给我一个答复。您也知道我的工作就是为您服务的。您今天本来是要买车的，可是不知道后来您为何突然生气不要了。您可以告诉我，我哪里做的不够好吗？我争取改进，以后不再犯类似的错误？”“哦，你说的不错，我今天确实打算要买车子的，而且我连银行卡都带着呢！可是，当我在走廊上提起我为什么要买车子的原因时，你都没有认真听我说，我说什么你不但不听，甚至看也不看我一眼，你是一点反应都没有。你知道吗？我今天是为我刚刚考上大学的女儿买车，我们全家人都很高兴，我给你说了很多次我女儿，可是你呢？你嘴巴里一直在说车子怎么样，根本就没全神贯注地听我说。”直到此时，拉客才恍然大悟，原来一切都是因为自己没有全神贯注地倾听客户的说话内容，没有关心客户的需求，更没有及时与客户分享他女儿考上大学的喜悦心情。

全神贯注地倾听客户？没错，就像拉客那样，因为没有认真倾听，反而失去了成交的机会。

在谈判过程中，倾听的那个人和说话的那个人通常是互相交换角色。你全身贯注地倾听对方，可以顺利地完成这一角色转换，它代表着听的那一方正全神贯注地倾听说的那一方的谈话内容。

不可否认，在现实生活中，总会有很多人喜欢抢着说，因为我们每个人通常都是最关心和在意自己的需要和兴趣，这是我们的本性：高兴的事情，我们想说出来和别人分享喜悦；烦恼的事情我们更喜欢说出来发泄情绪。在说的时候，我们自己常常无法意识到这一点，所以说每个人都善于说，而忽视了听，更何况是全神贯注地听！达到这一点是比较困难的，很多商家因此失去了客户。那些谈论自己而忽视他人的人，更容易引起别人的反感，别人对于倾听你的谈话已经失去了兴趣。在谈判中我们要牢记：全神贯注地倾听别人说话，控制自己的注意力，克服各种外界的干扰，始终要让自己的思维跟上对方的思路，这样才容易获得谈判的胜利。

注意对方说话方式

在谈判中，当你倾听对方说话的时候，应该注意一些细节。比如：对方的停顿、说话的重点、他着重强调的地方、说话的速度等，这些常常是我们最容易忽视的，而这些小细节可以不同程度地反映他的说话效果。

通常当说话的人想要强调谈话的重点时，停顿是非常有效果的。经过试验表明，当我们说话的时候，每隔30秒停顿一次是最理想的，这样的好处在于：一是能够吸引对方，使他对自己产生深刻的印象，二是给对方一个提问的机会。如果一方滔滔不绝的说下去，另一方根本就没有时间做出回答。有时候适当的重复，也可以加深对方的印象。假如对手加强说话的语气，提高说话声音，当他说话声音的声音变得抑扬顿挫时，就会引起倾听者的兴趣。清晰、准确的发音，圆润动听的嗓音，也有助于讲话的效果。在谈判中，我们要学会适时地调整自己的说话速度，你可以根据对方的理解能力和话题的重要程度来适当的改变。假如对方在介绍谈判要点或阐述谈判主题时，他的说话速度就会减慢，他是为了要你听清楚，并能记下来。如果对方过于详尽地阐述一些简单易懂的问题，说话啰嗦或一句话表达了太多的意思，你也不要表现出你的厌烦。如果对方的语速过快，你已经跟不上他的思路了，也不要着急，你可以试着重复他的话，争取他的理解。说话方式可以反映一个人的心理素质和谈话的要点。

谈判的时的说话方式很重要。如果运用的好，可以带给我们更大的利益，运用的不好，可以拖垮一个公司。

商场的休息厅里有咖啡和果汁，只要有客户在，服务员总是这样问："先生，来一杯咖啡，好吗？"或者是："先生，来一杯果汁，好吗？"结果，人们往往拒绝她，"哦，谢谢，暂时不需要。"就这样，一个上午快过去了，还没有卖掉一杯饮料呢！老板派了一个机灵的服务员，这位服务员很会说话，她每走到一个顾客面前，都会问顾客这样的话："先生，您是要咖啡还是果汁？"就这样她几乎没得到拒绝。这位服务员能够推销成功的原因其实很简单：第一位服务员的问话是一道判断题，可是后一位服务员的问话却是一道选择题，很多时候，顾客都会选一种。比如：当你到一家公司面试，你希望年薪是3万元，可是你的老板最高只愿意给你2.5万元。面对这些分歧，这位老板很聪明，他对你这样说："给你的薪水非常合理，在这个行业，你的这个职位的薪水是2万元～2.5万元之间，我愿意付给你2.5万元，你打算要多少呢？"很明显，你会说"2.5万元"，当你说出来的时候，你的老板好像又有点不乐意了，他说"2万如何"，如果你继续坚持2.5万元，并最终使你的老板答应了。这位老板要是开始说："要不要随便你好了"，他的这句话没有给你退路，有点攻击的成分，你很可能扭头就走。可是老板不这样说，他给你选择的余地。在你们的谈话中，老板输了，表面上是你沾光，实际上是你的老板在运用说话的方式，使你放弃了你刚开始的3万元的目标。谈判方式无处不在，想一下吧，你现在是一位客户，你去一家店铺购买东西，当你与老板进行谈判的时候，你会不会运用合适的说话方式呢？

有这样的一则笑话。一位穿着时髦、贵妇打扮的女人牵着一条狗要上公共汽车，她问售票员，可以卖给她的小狗一张票吗？因为她想要她的小狗有个座位，售票员没有直接回答她，而是说："可以啊，不过你的这只小狗必须要和人一样，把双脚放在地上就可以了。"你看售票员虽然没有直接说禁止小狗上车，但是她运用狗的双腿不能像人那样放在地上，拒绝了这个贵妇的请求，既给她保留了面子又调节了气氛。

注意对方的说话方式，可以看出对方的心理。比如我们常常会听到有人说："说来……"，乍看之下，你会以为这只是对方故意给你的一种印象，他想说的话不重要。其实恰恰相反，说这话的时候，他想说的是非常重要的内容，可是他却在掩饰自己的话，他以随便的口气说出这句话，进行伪装重要的话，这样做的目的就是掩人耳目。再比如，当一个人说“坦白地说”、“说实在的”，很大程度上可以表明他根本就不实在，也不坦白，这只是他的一种说话方式。我们要识破这种说话方式，特别是在谈判中，我们要仔细倾听对方说什么、怎么说。时刻注意观察对方的说话方式，窥视他的内心世界，对方的动机和企图一旦流露出来，你能立刻捕捉到，并为你所用，从而达到谈判的双赢。

善于察言观色

谈判的时候，不仅需要你用耳朵听，还需要用眼睛看。有句笑话说的是：当一个人笑的时候他的腹部却不动，你就要提防他了。而伯明翰大学的艾文·格兰特博士也曾经说过：“要留心椭圆形的笑容。”其意思非常明显，那就是说明这种笑不是发自内心的微笑，是一种皮笑肉不笑，是伪装的笑，这种人需要留心和提防。因此在谈判中，察言观色是很重要的，我们需要做到“耳到、眼到、心到、脑到”。

不管一个人的心思是多么隐蔽，只要你用心、有心，总能够从一些蛛丝马迹中观察出他的一举一动、一言一行，这些都能够从侧面反映他的性格与心理。

比如，从双方的握手情况就可以判断一个人的不同心理。

与对方随随便便地握手，松弛没力，这说明他只是出于一种礼节，与对方不得不握手，很勉强的意思。

那种紧紧地握住对方的手的人，我们可以看出来，他是真心实意地愿意与你握手，他表现出来的是真诚与高兴。

而那种主动热情的握对方的手的人，则是希望双方友好。当他漫不经心的握你的手，表示他对你不感兴趣，只是因为例行公事，不得不握，这种人缺少诚意，做事比较草率，不值得你信赖。

握手的时候掌心出汗的人性格比较冲动，握手的时候他很紧张不安。

在公众场合，与陌生人握手频繁的人表现欲很强。

以上是从握手中看出来的一个人的性格。

下面我们再来看看走路的姿态：

走路的时候大踏步、昂首挺胸、目光深邃的人，在谈判的时候，敢于承担风险，但是，这种人在谈判中往往不太容易作出让步，因为他太自信。不过，一旦双方的条件接近，他可以很快地做出决定。

走路的时候耷拉着脑袋、无精打采、东张西望、眼神飘忽的人，往往缺乏信心。他在谈判中表现的是多疑、犹豫不决，他不会轻易做出决定，哪怕条件非常合适，他也会对你说不。

只要你用心观察，你不但可以从一个人的握手、走路姿势上看出一个人的性格，也可以从一个人的穿着打扮、面部表情上了解他。

当我们在观察对方时，不要因为看到对方的哪一种表情就立刻断定了对方的心思，因为人的感情是最为丰富的。特别是在谈判中，我们更要学会察言观色，我们要根据对方的动作、语言、说话的语气和多变的面部表情进行判断，但是也要有个心理准备，因为这些也与当地的风俗习惯和文化背景，以及本人的素质分不开。我们只有做到了解对手，分析他的一言一行，才可以做出正确的判断。

有个名叫凯琳娜的销售员就非常善于察言观色，由于性格内向，一说话就脸红，她身边的人都认为她不适合做销售这一行，因为销售需要很强的互动性，对销售员的要求也比较高，大家心目中一致认为活泼开朗、善谈的人才适合做销售这行。可是凯琳娜却令人大吃一惊。她的销售业绩竟然在公司名列第一。大家很是不解。就去请教凯琳娜。面对这么多人的询问，凯琳娜的脸微微红了，她微笑着告诉大家，她之所以能有现在的成绩，是因为她懂得如何观察别人。在与客户交流的过程中，凯琳娜不仅仅是听或说，她还会看，她会仔细观察客户的表情，这样就能够第一时间掌握客户的需求。她能够从对方的肢体语言上看出客户是否对产品感兴趣。在她与客户说话的时候，她会注意观察客户的表情，如果客户的目光很专注，听的比较认真，她就会多说几句。如果客户表现出急躁不安，目光闪烁，她就会很快地结束话题。对产品不感兴趣的客户，她不会说太多，这样就为她节省了大量的时间和精力。对于感兴趣的客户，凯琳娜能够诚恳地说出产品的优缺点。她既不夸大产品的优点，也不缩小产品的缺点。她做出充足的市场调查，拿出有力的数据，真诚地与客户进行交流。

正是因为凯琳娜能够善于观察客户，及时了解客户的需求，恰如其分的态度卸掉了客户的防御，从而使她的业务越来越好。

丰富的表情是一面镜子，可以照出我们的喜怒哀乐，无论你是笑逐颜开还是怒发冲冠，都是一种感情流露。如果你能在谈判中善于察言观色，你就可以捕捉到对方面部表情所流露的情感信息，只要你善于观察就可以了。在不同的文化环境下，表情也是不一样的。在美国式的谈判中，美国人会认为微笑是一种丰富的表情，他们喜欢微笑。任何场合你都可以看到微笑的美国人。可是日本人却不一样，日本人在谈判中基本上很少微笑，他们很严肃，只有在最后成交的时候才会面露微笑。法国人呢，他们认为微笑是比较谨慎的一种表情，只有在有理由的时候才会微笑。中国人的笑是最复杂的，他们高兴的时候可以发出舒心的微笑，也可以开怀大笑，甚至他们在愤怒的时候也会哈哈大笑，这是很不可思议的。他们的表情是丰富多变的，一定要注意观察，了解他们笑容背后的真正含义。

在谈判的时候，我们可以直视对方，你要流露出你的真诚，你的关切，在对方讲话的时候，你要不时地点头，前倾着身体或者发出一些表示赞同的声音，促使对方继续谈下去。

察言观色是谈判中的重要环节，对对方的全面了解是很重要的。当我们从对方的表情变化看出他的真实意图，那么就能在谈判的关键时刻做出反应，使对手措手不及，才会获得谈判的最终成功。

学会忍耐

忍耐是一种心理承受力，也是谈判成功的基础。在谈判中，有耐心的谈判人员不会急于获得谈判结果，他们能够很好地控制情绪。人们在谈判中往往喜欢运用拖延战术，谁先失去耐心谁就等于失去了谈判的筹码。特别是在运用激将法的谈判中，要想在谈判中占上风，忍耐尤其重要。

一次，洛克菲勒正在办公司工作的时候，有一位不速之客突然闯了进来，直奔他的办公桌而来，这位不速之客不但用拳头猛捶桌子，还大发雷霆地大叫："洛克菲勒，我恨你，我有足够的理由来恨你！"这位暴躁的客人恣意地谩骂洛克菲勒几分钟。对于这位客人的行为，其他职员都感到气愤，他们甚至希望洛克菲勒拿起墨水瓶砸他，或者吩咐保安把他赶出去。可出人意料的是，洛克菲勒放下手中的工作，心平气和地注视着这位攻击者。洛克菲勒的和善使得那个无理取闹的人觉得不好意思，他渐渐恢复了平静。因为一个人在发怒的时候，对方不理他，他是坚持不了多久的。于是这位攻击者不再谩骂，本来他是打算与洛克菲勒争斗一番的，他来之前就已经想好了，假如洛克菲勒回击他，他就要好好地去反驳。可现在洛克菲勒不但不开口，还很和善，所以他也不知道该如何做才好。最后他又挑刺地在洛克菲勒的桌子上敲几下，但仍然得不到回应，只得索然无味地离去。而洛克菲勒呢，又重新拿起笔，继续他的工作，刚才发生的一幕，就好像从没发生一样。

你看洛克菲勒选择忍耐来应付那位攻击者，他不理睬他人对自己的无理，这给了攻击者最严厉的惩罚，没人理睬是多么无聊的一件事啊，他选择了离去。成功者每战必胜的原因，就在于当对方急不可耐的时候，他们依然沉着冷静。

在谈判中，对于那些难理解的话，甚至是触怒自己的话，只要对方还在继续说，你就要倾听下去，不要打断他或者离席。对那些你不能立刻回答的问题，你要尽量弄明白对方的意图，不要着急去回答对方。

有句话说的好："小不忍则乱大谋。"一个人要想取得成功，必须要学会忍耐。忍耐是对你的考验，也会提升你的能力。林肯也曾出言尖刻，甚至达到与人决斗的地步，可随着年龄的增长，他渐渐明白了忍耐的道理。在非原则问题上，他总是避免和人发生冲突，他曾说过："宁可给一条狗让路，也比和它争吵而被它咬一口好。被它咬了一口，即使把狗杀掉，也无济于事。如果你随它在路上狂吠，你走路可能更快些。"

生活中，需要忍耐，谈判中，更需要忍耐。当你在谈判中处于劣势时，就不得不看对方的脸色。有什么关系呢，你一时的忍耐可能会获得谈判的胜利，这是你的聪明之处。

在一次会议中，葛力内对一项决议投了反对票。结果这个政党的领袖来到葛力内的办公室指责他是叛徒，企图破坏该党组织。当时葛力内正在忙着写稿，这个政党的领袖进来时没抬头，就好像他不存在一样。这位领袖见葛力内如此冷淡，更是火上加油，越来越生气，甚至到最后，他对葛力内使用言语辱骂起来。可无论他怎么骂，葛力内就是不理不睬，依旧默默地写着他的东西。这位领袖无可奈何，他绕着葛力内的桌子转了一圈，又回到原位，气势汹汹地说了一遍。虽然他来回重复这些盛气凌人的指责，但葛力内始终没有停下手中的工作。直到这位领袖没有可说的了，当他准备离去的时候，葛力内才慢慢地停下手中的笔，抬起头轻轻地一笑说："不要这么着急走啊，继续发泄吧！"虽然葛力内并没有说什么话，但是他在整个过程中，始终保持耐心，不急于知道谈判结果，很好地控制自己的情绪，掌握了谈判的主动权，最后赢取了谈判的胜利。我们再来看看谈判家荷伯·科恩，他曾以戴维营和平谈判为例，向我们说明了谈判中耐心的力量是强大的。

一个人的耐心越大，他成功的几率就越高，反之，没有耐心的人将一事无成。可以说，谈判是战胜对手的一种力量，是双方人员耐心的较量，也是谈判成功的必要条件。有时候需要克服很多的困难，双方经过多个回合的较量才能达成协议。

避免对抗性谈判

什么是对抗性谈判？谈判双方在谈判过程中，不考虑对方的需要和利益，不愿意改变自己的立场，而要求对方去改变，哪怕谈判过程多么激烈，即使出现僵局也无所谓。这样下去谈判就无法继续进行，双方无法达成一个满意的结果，最终形成两败俱伤的局面，这就是对抗性谈判。

在谈判中，我们要尽量避免出现对抗性的局面，遇到这种情况你可以绕开，绕开不了就想办法去化解。因为一旦出现对抗性的谈判，就会阻碍你们谈判的顺利进行。

你留给别人的印象是很重要的，通常情况下，从你的一举一动中对方很快就可以做出判断，看你的最终目的是不是想要达成一个双赢的局面。有时候甚至还可以得出是不是能够为自己争取到最大的利益。在谈判刚开始的时候，一定要避免出现对抗性的谈判。你说话的时候要小心，哪怕你对对方的说法非常反感，完全不认可，也不要立刻反驳，给对方一个台阶，因为你的反驳只会使他的立场更加坚定。这时候你最好的做法就是先同意，然后再慢慢地使用你的方式来表达你的不同的见解。谈判开始了，对方发表了他的意见，你听后立刻开始争辩，那么对方出于本能也会反驳，这样你们之间就会开始激烈的争斗，使谈判进入僵局。遇到这种情况，你不妨用柔和的手段淡化对方的竞争心态，并表明你完全同意对方的观点，并不是要进行反驳。你可以这样告诉对方："对你的感受，我完全了解，因为也有很多人和你一样，有那样的想法。不过，你知道吗？在仔细分析了这个问题之后，我们就会发现……"

比如你在找工作的时候，对方告诉你："我感觉你的经验不是很丰富。"如果你反驳他，并告诉他："我以前做过比这个工作更复杂的工作。"对方会认为你是在挑战他，他很有可能会把你的话理解成你是对的，他是错的，他会不由自由地选择捍卫自己的立场。假如一开始你就同意他的观点，你说："我理解你的意思，事实上也有不少人说过。可是我一直以来做的工作和你们公司空缺的职位有很多的共同之处，这些共同之处也许并不是很明显，现在我向你详细地解释一下吧。”

比如你在推销商品时，有顾客抱怨你提出的价格过高。你如果和他争辩，他可能举出非常多的例子来证明他是正确的，你是错误的，最终的结果就是你们陷入了谈判的僵局，谁也没有赢。面对他的抱怨，你可以先采取肯定的语气表示理解，接着你可以从产品的质量出发，包括性能、价格和服务等与别的产品做个比较。通过你详细的说明，你们之间还是会有成交的希望的。

在现实生活中这样的情况到处都是。工作中你会发现你的上级领导人物对你存在误解，有时候他会认为你的工作完成得不是很出色，你却有自己的理由。当你理直气壮地用自己的观点去反驳你的领导时，不但不能将事情解释清楚，反而会造成领导对你的反感。之所以出现这样情况，是因为你直接的反驳了领导，给领导的印象就是你是正确的，他是错误的。你完全可以先同意领导的观点，接着再承认自己的失误。在适当的时候，向领导解释自己在工作中遇到的困难，这样你的领导就能够理解到你的感受，不会过多地责备你。在一开始，不要直接反驳对方，你应该先同意对方的观点，然后再想办法去改变对方的看法。

在谈判时我们如何做才能避免出现对抗性谈判呢？谈判是一场没有硝烟的战争，这是属于心理之战。那么我们在谈判的时候，只有抓住对方的心理，知道对方在想什么，才能做到百战百胜。

谈判高手不会这样说：“我想跟你谈谈我的需求”。他会这样说：“我建议咱们大家一起来找出解决问题的方法。”当遭受到对方强烈的反对时，他不会直接说：“你怎么能这么说呢？”他会使用非常委婉地说法："我非常了解您的感受，因为我以前也是这样认为的，但是后来我发现事情不是想象中的那样。"

尤其是当对方发怒的时候，我们应该表示理解，哪怕你心里的火烧得旺旺的，也不要表现出来。你可以平静地说："你不喜欢这个提议，我很理解。"紧接着，你要找出对方的真实的想法，"既然这样，那么您认为我们如何做才会好呢？"你这样做的好处有两个，一是你不会在慌乱的情况下误解对方，做出错误的判断与让步（其实他的目的只是需要你退一步，可是你因为不明白他的意思却自动的退了两步甚至是三步）。第二个好处就是，万一这是对方的一种谈判策略，他只是表面上的"发怒"，你要是贸然地去接招，那就是你判断失误，你接招的后果就是打乱了自己的计划，从而使对方的策略得以实现，使谈判进入到你不想看到的局面。

在谈判的过程中，一个谈判高手会让对方觉得他是胜利者。他觉得你的让步的空间越来越小，已经快到你的价格底线了。同样的方案你让对方开口，对方会觉得是你答应他的要求，他是占上风的那一方。

在每一次举办讲座的时候，我会让学员们做一个游戏，先伸出自己的手掌，然后与面对的那个学员的手掌相对。当四掌相对的时候，一个人加大自己的力量，那么另一方也会加大自己的力量，发出同样的反击。同理，谈判中也是一样，当你反驳你的对手的时候，对方也会拼命反驳你。当对方表现出充满敌意的行为时，你要运用一定的技巧，使自己冷静下来，做出进一步的思考和判断。

07

第七章

如何打破谈判中的僵局

当谈判陷入僵局时

在谈判过程中，参与谈判的双方人员在各自的立场上，对某一问题的立场和观点存在较大的分歧。双方要求的利益差别较大，可是又不想做出让步，谈判过程会出现停顿，使谈判陷入一种对峙的局面，这就进入了谈判中的僵局状态。谈判僵局的出现不是一个好现象，但是又不可避免，我们要做的就是想办法打破僵局使谈判继续进行下去。如果处理不当不但浪费谈判时间、破坏谈判气氛，甚至会伤害到谈判双方的感情，最终使谈判走向破裂的结局，这是我们都不愿意看到的局面。

虽然谁都不希望出现僵局，但是在谈判中，出现僵局是不可避免的一件事。面对僵局的时候，不要惊慌，更不要沮丧，一味指责对方是没有用的。遇到这样的局面，我们首先要弄清楚产生僵局的真正原因是什么，找到了引起双方分歧的根源，运用有效的策略技巧突破僵局，才能使谈判顺利进行下去。

比如在与卖场的谈判中，你遇到了这样的事情——卖场采购要求你必须降低10%的价格，否则他就选择中断合作。他这样告诉你："不仅是要求你降低10%的价格，其他的供货商也必须降低10%，而且他们都已经答应了，现在就差你一个了。"遇到这样的情况，你该如何应对呢？

“这一套设备的价格，我只给3000美元，如果你觉得可以，现在立刻就下单，如果你拒绝，那么就算了吧！”

你是广告代理商，当你要求你的客户增加预算的时候：“史密斯先生，关于你公司的广告费，能否再增加20万美元。”他一口回绝：“绝对不行，我们公司要求广告费只能减少，不能增加。”

你清楚地知道，要是答应他们的要求，你根本就没有任何的利润，你很容易相信你们的谈判已经走投无路了，不是吗？其实，这也只是谈判进入到一个僵局而已。在谈判中，我们会面临着无数的僵局与困境，天知道它们是如何形成的，有可能是双方的要求不同而无法进行谈判，也有可能是因为一些误会而导致你们对着干，谁也不肯放手。那么在面对这些谈判僵局的时候，该如何解决呢？

假如你是一个谈判新手，这些问题对你来说看起来已经是走投无路的死胡同了。可对于谈判高手来说它们只是僵局而已，只要你运用一种简单的谈判策略，就可以很快地打破这些僵局。

我们称这种策略为“搁置策略”，这是一个解决谈判僵局的妙方。当谈判面对一个问题，双方争论不休的时候，请试试把这个问题先搁置，不要在继续讨论了，去换另一个话题。

你可以这样说“我知道您喜欢这款产品，价格方面只是其中的一个因素，假如您觉得这件产品值这个价格，你就会购买；假如你觉得这件产品不符合你的要求，那么我相信，价格再低你也不会购买的。您看这样好吗？您先坐下来歇歇，我给您推荐另外一款产品，好吗？”这里就采用了搁置策略。

美国代表就是因为采用了搁置策略才会很快地解决了以色列与埃及的问题。我们来看看美国代表是如何运用搁置策略的。

1973年，中东战争爆发之后，以色列和埃及都不愿意撤离西奈半岛。美国就派代表前去解决这一问题。美国代表一到那，就告诉以色列说：“你们与埃及政府坐下来谈谈吧，如果你们不这样做的话，很有可能就会爆发第三次世界大战。”可是以色列却不愿意撤离，他们肯定地说：“我们可以和埃及谈判，但是关于撤离西奈半岛的事情，我们是不会谈判和让步的。我们在1967年就占领了这个地方，这里有我们的许多油井。我们绝对不会撤离。”听到以色列这样说，美国代表知道埃及也是同样的坚决。谈判似乎走进了一个死胡同，难以进行下去了。但是美国代表并没有追问下去，而是采取了搁置策略，他们告诉以色列：“你们可以不撤离西奈半岛，我们现在知道了西奈半岛对你们的重要性了。因为你们的油井在那里，而且你们在1967年就已经占领了这些土地。不过，现在我们暂时不谈这些问题，让我们来讨论一下另外的问题吧。”难道美国代表真的不打算和以色列讨论是否要撤离西奈半岛的事情吗？答案是一定要讨论的，美国代表之所以这样说，其实是因为谈判已经陷入了僵局，而这个僵局继续保持下去的话，问题根本就得不到解决。所以，面对这样的僵局，深谙谈判真谛的美国代表知道只有先使用谈判中的搁置策略，把僵局的谈判局面搁置起来，不去理会这件事，先解决以色列与埃及之间存在的一些小问题，等以色列与埃及之间存在的小的分歧问题全部解决好了，最后在讨论是否撤离的问题就会顺利多了。事实证明，美国代表是非常善于谈判的。他们通过搁置策略，先解决了在谈判中遇到的许多细小问题。正因为这些小问题得到了很好的解决，为后面是否撤离的大问题积累了能量。随着谈判的深入了解，双方让步的机会逐渐增大。到最后以色列也发现了，其实撤退也并不是那么困难的事，于是就同意了撤退。

美国代表能够采用搁置策略处理好了以色列和埃及的谈判僵局，

那么我们可以向他学习，在谈判中，遇到这样的僵局，也可以使用搁置策略。这是一个很好的谈判策略。在谈判时不要抓着一个问题不放，要懂得把问题搁置，否则谈判只会越来越僵。当谈判中，你的客户这样告诉你：“我可以和你谈谈，但是我们需要举行年度销售会议，你如果想成为我们的供应商，就必须在我们会议开始之前尽快把样本给我。不然，我们就没有进行谈判的必要了。”遇到这样的问题，你可以试试搁置策略。虽然你知道你们根本不可能在那么短的时间内准备好样本，但是你还是可以运用搁置策略：“我理解，但我想说的是，咱们不妨把这个问题先放一放，我们先讨论其他的一些问题吧。比如，我们可以先讨论一下具体的细节问题，关于付款方式，你有什么好的建议呢？”

你可能会说：“如果我们在价格和付款方面达不成协议的话，我为什么要浪费时间在这些小的问题上呢？”可是一个谈判高手知道这么做的好处，一旦你们双方在这些小问题上意见一致的时候，那么，在面对重要问题的时候，对方就会很容易被你说服。

突出自己的心理优势

心理优势是心理活动中爆发出来的压倒一切的力量。谈判其实也是一种心理战，参与谈判的双方都有自己的心理价位，都在争取自己的最大利益。在谈判中往往会遇到那种经济实力强大，有很多可供选择的客户。在气势上他们高高在上，给你一种高不可攀的形象。所以在谈判过程中，他们往往是处于优势的那一方。这时你一定要打好心理战，运用心理战术来战胜他们。至于要如何把握好这种心理战术，这就需要你从实践中得出经验，你可以多观察对方的反应，找到对方的弱点，突出你的心理优势。

心理优势在谈判中尤其重要，特别是当谈判陷入僵局的时候，表现更为明显。假如你是一个消费者，你打算去服装店购买服装。当你对某件衣服产生好感的时候，你想试穿一下，看看效果如何。可按照商场规定，是不能试穿的。正当你犹豫的时候，销售员对你说："没事，可以试穿一下，买不买都没关系，你试穿之后我整理好就可以了。"

于是你试穿了这件衣服，可穿上之后，你感觉这件衣服与你的整体风格搭配得不是那么和谐。销售员并没有任何不悦，她依然是那么的笑容可掬，她给你推荐了另一套衣服。就这样，当你试穿了几套衣服之后，销售员始终微笑着，她的态度是那么诚恳、友好。最后你自己就会过意不去：这位销售员陪了我这么长的时间，花了这么多的心思，我却什么也没买，真不好意思啊！这时候你会觉得欠了她的人情。虽然你对这些衣服不是特别满意，但最后你还是选择购买了一件。这种现象是很普遍的，和蔼可亲的菜农卖出去的蔬菜就会多些，热心助人的邻居会得到大家的祝福。这其实就是所谓的心理优势，谈判高手都会运用心理优势来达到某种效果。在商务谈判中，这一心理优势也会给你带来一定的人气。你要使对方觉得他欠着你，这不是金钱上的债务，是一种情感债务。等到你的对手接受了这一优势，他就会觉得这是在偿还你，导致他们比较轻易地让步，接受你的谈判条件。

一般来说，谈判时不能以武力胁迫对方答应，而是利用你的心理优势，让谈判向着有利于你的方向发展。

优势也就是你的内在的影响力，这是一种无形的力量。假如你拥有了这种力量，你就能发挥出你的优势。这是一种被感知的力量，你的优势一定要让对方感觉到。根据对方谈判人的大概性格和说话的语气，可以尽量强势一些，但达到一定的程度后，就要退一步，来烘托对对方的尊重。在谈价格的时候也是如此，先力争、后让步，留有一定的利润给对方，对方会更加感激或者认同你。

心理优势也会随着环境和时间的变化削弱与衰退，有时候甚至会走向失败的局面，所以我们一定要培养良好的心理环境。心理优势的养成有以下两点：

1. 自信。只有你相信自己，别人才会相信你。你经常对自己说："我能做到，我可以成功，我有把握做好这件事，我没问题……"这些激励自己的话，时间久了，你就变得更加自信。

2. 自重。你要看得起自己，如果连你自己都看不起自己，那么别人怎么可能会看得起你呢？你必须把自己当作个人物，别人才会把你当人物看待。

换人——黑脸和白脸策略运用好

在谈判中，我们经常会用到黑脸和白脸的换人策略。比如在家电卖场，你因为需要购买家用电器，当你与销售员讨价还价时，你们却因为价格或者赠品问题产生了分歧，最后你们的谈判陷入了僵局，销售员通常都会说这样的话："这样吧，我看你也是诚心想买，我也诚心想卖，现在我打电话请示一下我的主管，看能不能在价格上再给你优惠一些。"接着，销售员就会开始打电话。等他电话结束后，他要么是微笑着告诉你说："我的主管同意给你打8折"，或者他会无奈地告诉你："真遗憾，我们主管不同意，说已经是最低价格了，我实在没有办法了。"

在生活中，这样的现象随时都会遇到，如果你是一个不懂得谈判的菜鸟，那么你对这种情况是没有感觉的。假如你是一个谈判高手的话，你看到这里，就会立刻想到这是一种谈判策略——黑白脸。

在谈判成员中，扮演"白脸"的那个角色，通常也就是对方眼中的好人。表面上看起来，他总是态度诚恳，为了双方的利益不偏不倚，扮演"黑脸"的那一个，处处不肯让步，逼着对方做出妥协。当谈判进入僵局的时候，可以考虑换人，先让黑脸成员离开。现在是处于僵局时刻，要做的事情就是要减轻对方压力，黑脸离开了，等于你暂时作出了让步。在这种情况下，对方当然希望和"白脸"谈判，而事实上离开的"黑脸"才是在谈判中起主要作用的那个人。在使用"黑白脸"策略的时候，我们要弄清楚一点：谁是黑脸，谁是白脸。

黑脸和白脸这两个角色在谈判的时候是不能分开的。黑脸就是使谈判场面不受控制，很难进行下去的那一个。而白脸呢，他总是表现温文儒雅，丝毫不给对方压力，当然，也不会拍桌子。离席是黑脸常常运用到的策略，桌子一拍不谈了，他气冲冲地走了。下面该如何打破僵局呢？白脸立刻就上来了，他先自责一番，然后去把黑脸拉回来继续谈，如果只有黑脸没有白脸，那么你一拍桌子不谈了，走了，你自己又有何面目主动回来呢？

在谈判中，运用黑白脸还有一定的步骤，何时运用最合适呢？一般情况下，开始的时候是白脸先出来，和对方谈论他们的目的，希望达成的最终结果。他会同意对方的一些要求，调动谈判的积极性。可是一旦等谈判进入到关键时刻，黑脸就要出现了，他一出场，不是拿出对方难以接受的方案，就是提出苛刻的条件，甚至拍桌子大吵起来，使谈判陷入僵局，刚开始白脸制造的和谐气氛一下子就没有了。这种情况下，对方会做出一些让步，可是一旦对方出现恼怒的时候，白脸就立刻出现了，他一来就会指责黑脸，并让黑脸做出让步。

你使用这种策略的机会比你心中所想的要高很多。在与人交谈的时候，假如对方有两个人，那你就要小心了。因为只要有机会，他们就会在你身上使用黑脸和白脸的策略。比如你是一家保险公司的销售，你与一家零件生产商的主管进行了面谈。当主管带你走进会议室的时候，你发现他们的经理居然也在，他也想听听你的演示。

你看到这里，立刻想到这种情况对你不妙，可你必须进行演示，看起来一切都没问题，你觉得成交的可能性非常大。可事实上又是如何呢？那位经理看了你的演示后，立刻拍案而起，他告诉自己的主管说：“这是一个糟糕的方案，看起来他并不想和我们合作，我还有别的事情要做。”他冲出了会议室，你刚好也是一位谈判高手，你知道这只是他们的谈判策略而已，否则的话，我敢说你一定会失去信心。那位主管告诉你说：“我们经理就是这样，别管他，但是我比较喜欢你的计划，我想我们可以继续谈下去。”

在接下来的谈判中，他这样告诉你：“如果你可以在价格上更加灵活一点，我想我们是有合作的机会的。看看我能够帮助你些什么？为什么不试试呢？”假如你并没有意识到这只是对方的谈判技巧，你可能会立刻问他：“你觉得你们经理能够接受什么样的价格呢？”你这时候已经把这个主管看成了你的同盟，事实上，他并没有和你站在一起。

我曾有过这样的经历：有一次，我陪我的好朋友去看一辆车子，他对那辆车子已经垂涎很久了。当我们走进销售大厅的时候，那位销售员微笑着向我们走来，她说：“嘿，看到你们真的很高兴！”于是，她带着我们详细的看了又看，对于那辆报价35万美元的车子，我也觉得各方面都是不错的。于是谈判开始了，我的好朋友希望这辆车子可以优惠一些。

那位迷人的销售说，这个她可做不了主，价格方面她没有优惠的权利。不过，她可以给她的经理汇报下，看她的经理能否给我们一个合适的价位。我知道，谈判中的黑白脸技巧开始了。

当她在经理室待了30分钟之后，她沮丧地回来了，“非常抱歉，我们经理把我骂了一顿。要知道，我们的车子销售的非常好，他说价格方面已经是最低报价了。”我知道她还有下文，果然，“不过，你们要是确定今天就可以下单的话，我可以帮你申请一下同等的赠品。”

在这场谈判中，黑脸是经理，白脸就是销售，这是一种比较常见的情况。

在上面的例子中我们会发现，既有经理黑脸的威胁，他甩门而去，也一定会有白脸立刻站出来进行和局，要不然谈判怎么进行呢？

遇到谈判对手使用黑白脸策略的时候，我们不要被白脸的表面所迷惑，要识破它，也不要被黑脸的装腔作势吓倒。在使用这个策略的时候，要有一定的章法，不能失去控制。在选择黑白脸人物的时候，在性格方面也要符合，你不能找一个柔弱的人去扮演黑脸，也不能让脾气暴躁的人来扮演白脸。

在谈判陷入僵局的时候，参与谈判的双方都会果断地选择换人，灵活地运用谈判中的黑白脸策略，后出场的人员会先和局。相比上一场的激烈战斗，这一次可以说是笑里藏刀。在他们老谋深算中，以双赢的局面结束了这次谈判，谈判的结果双方都很满意。

美国著名的房地产投资人唐纳·川普就非常喜欢运用这个策略。在谈判的时候，他都是先让他的律师出面与对方谈判，等到把对方磨得差不多要发疯的时候，他才慢悠悠地出场。他一出来就给对方一个白脸的印象，他先把他的律师训斥一番："我记得我告诉你很多次了，布莱特先生是我们的优质客户，你怎么能够给他去争夺利益呢？"然后，他会给客户道歉，"非常抱歉啊，我这个律师总是那么不懂事。"自然，接下来的谈判会变得非常顺利。

在认识了黑白脸的策略之后，我们来看看要如何应付这种策略。

想要应付黑白脸策略，最好的办法就是识破这种策略。虽然黑白脸策略有很多种，但是你只要知道这条就足够了，一旦你发现了对方在使用这种策略，你可以微笑着告诉他："好了，不要和我玩这种黑白脸了，咱们开始吧！"当你识破他们之后，他们就会很不好意思地停止这种小把戏。你也可以在谈判中，运用这种策略，给自己制造出一个黑脸来。比如，你可以告诉对方你也想满足他们提出的要求，可是你也需要给你的领导一个说法。除了你们在谈判时的黑脸之外，你也可以给自己虚构一个更加厉害的黑脸。在面对对方的黑白脸策略的时候，你可以直接指出，你们不要再和我玩这种游戏好吗？从现在开始，我会认为这些话都是你自己说出的，白脸也就无话可说了。因为他也变成了黑脸，从而消除了黑白脸的危机。其实，使用黑白脸策略也没关系，哪怕是互相识破了，黑白脸也是一种非常强大且有效的策略。当你们双方都精于使用这一策略的时候，你们的谈判将会趣味多多。

找出对方“变脸”的主因，说服对方

谈判过程其实也就是双方互相沟通的过程，特别是当谈判陷入僵局的时候，更需要谈判人员具有较强的沟通能力，找出对方“变脸”的真正原因。善于运用说服技巧，动之以情、晓之以理，使对方接受自己的观点，从而打破僵局。但是如何找出对方变脸的主因，就需要运用一定的技巧了。说服是一个非常关键的环节，能否说服对方和怎样说服对方是有很大的技巧的，这和谈判者的能力高低有很大的关系。在说服过程中，要能够客观公正，不偏不向，以事实为论据，礼貌地阐述自己的观点和立场，用真诚打动对方，最终使对方接受自己的观点而打破谈判的僵局。

当你能够轻松自如地做到这一点，你的谈判水平也就提升一级了。在这一点上，美国一家电器公司的推销员阿里森普就做得非常好！

阿里森普到一家客户那里打算推销一批新型的电机。可是他刚到这家公司，总工程师就开始对着他抱怨一通，非常愤怒。阿里普斯耐心地倾听，找到了这位工程师变脸的主要原因是他认为上次从阿里普斯那里购买的那批货非常不好。他认为上次购买的电机发热过高，超出了正常标准，他们对此很是不满。阿里森普知道，客户有了这样的想法，肯定不会再次购买他的设备了。

找到了对方变脸的原因之后，阿里森普应该如何说服对方呢？假如明确告诉对方这不是因为他们公司电机的质量问题，而是因为他们的操作问题，很显然，这是行不通的。因为客户正处于愤怒状态，与客户争辩不但没有任何好处，还会激怒对方。

经过一番思考，阿里森普决定采用劝诱法，打算先让对方同意他的观点，然后再给对方讲道理。阿里森普先是问了工程师一个看似十分不相干的问题：“你们车间的温度是多少？”愤怒的工程师不明白，不是说电机温度吗？怎么话题跑到室内温度了？可是，他还是照实回道说：“我们车间的温度大约是75度。”阿里森普听到这里，知道发动机温度过高的原因了。于是他就拍着对方的肩膀说：“这就找到问题的关键了，你们车间的温度是75度，而你也知道，电机的温度一般是比室温高72度左右，现在你算下，一共是多少度了。”工程师听到这里已经平静下来了，他说：“温度加起来就是147度左右。”阿里森普告诉他：“你试想一下，你把手放在140度的水里，结果如何？”“当然会烫伤了。”工程师不假思索地答道。说完这话，他显得很不好意思，连连道歉，可以看出来，阿里森普已经完全说服了工程师。从这个案例我们可以看出来，说服别人确实是个技巧活。阿里森普在解决问题的同时又消除了对方的偏见。当然，阿里森普获得了他想要的订单，工程师由于对阿里森普的误解很不好意思，这次又订购了新型的设备。

假如阿里森普面对工程师的指责，据理力争，说自己公司的设备没有任何问题，是他们使用不当造成的，那位愤怒的工程师不但不会平息怒火，很有可能会造成更大的误解和矛盾。别说是再次购买设备了，不打上一架就很不错了。

谈判是一种社交活动，需要与不同的人打交道。如果双方互相产生好感，再棘手的问题也能迎刃而解。有时候，谈判的成功只是因为对方喜欢你，理由就是这么简单。

当我们坐在谈判桌上的时候，要保持冷静，要有耐心。很多情况下，看似谈判只是语言上的说服，其实是双方的一次心理战争，你的谈判技巧的好坏直接关系到谈判的胜负。

避重就轻，转换话题

在谈判时，谈判陷入僵局的情况随时都有可能发生。一旦谈判中出现了僵局，很大程度上，就会影响谈判的结果。而这种局面得出现，参与谈判的双方都不愿意看到。所以当谈判陷入僵局时，作为一个谈判高手，需要学会灵活变通谈判方式，正确运用一些策略来打破谈判僵局，能够使谈判顺利进行。

谈判陷入僵局的时候，我们要把有争议的话题放下，选择谈论另外一个话题，没有必要非要紧盯着那个有争议的话题，不谈好誓不罢休。

比如你和对方在价格方面存在意见与分歧，你们因为这个问题互不相让，结果谈判暂时进入僵局阶段了，看起来似乎没有可以谈下去的必要了。那么不妨试试，你先把价格方面的事情放到一边，去谈论一下交货日期、付款方式、售后保障等其他问题。假如你们在这几个方面都感到满意的情况下，再重新来讨论价格方面的问题，接受的可能性就会大很多。你们之间产生的矛盾也会有所缓解，商量的余地也就更大些，从而使谈判出现新的转机。

“条条大路通罗马”，在谈判中也是如此。谈判人员经常习惯于采用某种方式，当这种方式不能被对方所接受的时候，谈判就会陷入僵局。你可以试试避重就轻，转换话题的谈判方法。谈判不可能总是一帆风顺的，双方有分歧也是十分正常的一件事，谁能提出一个切实可行的策略，谁就掌握了主动权。这个时候最好不要再谈论与僵局话题有关系的事情，你只需要谈论一些毫不相干的东西就可以了。你的这种做法可以放松对方紧绷的神经，一个谈判高手懂得如何运用看似无关的话题来引起对方的情感共鸣、吸引对方的兴趣。这是为接下来的谈判做准备，在看似轻松的话题中，逐步将话题引到主题上来，使对方在不知不觉中就已经放下了成见，克服了僵局。这时候，所谓的谈判僵局也就不存在了，从而占得了谈判的先机。

当琳达出现在珍妮家的时候，珍妮正在给她的小狗洗澡。琳达是一位化妆品的销售员，这是她第二次出现在珍妮家了。珍妮一看琳达就说：“你不要来了，我是不打算买你这个牌子的化妆品的。”这次意外的是琳达并没有说什么，而是和珍妮一起帮小狗洗澡，这真是一条漂亮的小狗啊。于是，她们两个开始讨论这条小狗，把这条小狗的吃、喝、拉、撒都说了一遍，说起自己最自豪的小宠物，珍妮关不住话匣子了，她有太多的话要说。琳达微笑着听珍妮说话，她很自然地过渡到她的产品上，“珍妮小姐，你的小狗真是太可爱了，我相信你一旦带着它出现在大街上，你们立刻就吸引了所有人的注意。也许你对我们的产品不了解，这款化妆品的最大好处就是使用起来显得自然，配上你这么高雅的气质，我敢说，你用起来一定棒极了。”珍妮心情大好，立刻购买了两套，说先试试效果，好的话以后就换这个牌子的了。你看，当珍妮说没有购买打算的时候，琳达并不气馁，她把谈话的主题引到珍妮喜欢的小狗上，进入到对她有利的一面。从而顺利地使这次谈判进行下去，并最终取到了成功，难道不是吗？

在谈判中，你也可以这样，遇到僵局的时候，谈论对方感兴趣的话题，从而慢慢地过渡到你们的话题上来，最终打破僵局，使谈判顺利进行下去，获得你们想要的双赢的结果。

令双方冷静的最好方法：暂停或者休会

当谈判陷入僵局，谈判双方情绪激动，对问题争论不休，很难冷静下来，用上述的方法解决不了问题，打破不了僵局的时候，不妨试试冷处理。

冷处理的最好做法就是暂停或者休会。这样做不仅可以恢复谈判人员的体力、精力，还可以调节谈判人员的情绪、缓和谈判气氛、融洽双方的关系。在谈判中双方出现意见分歧是很正常的一件事情，如果双方都不妥协，各抒己见，继续下去的话也于事无补，因为双方都还沉浸在刚才的紧张气氛中。休会之后，双方的情绪可以冷静下来，客观地分析当前的形势，最后商量出一个合理的解决方案。

休会是谈判时的一种积极的策略。休会可以达到以下的目的：

1. 使谈判的双方有时间考虑一下争议的问题，构思出解决的方案。

2. 可以进一步分析研究方案，看看自己的坚持到底对不对。

3. 可以与谈判成员好好交流一番，集思广益，看看有没有更好的解决方案。

4. 可以进一步探讨能够让步的最大底线。

5. 有没有好的办法去对付对手，分析对手的性格，他想要的到底是什么。

等双方想明白了这些，情绪会慢慢地平静下来，可以冷静地思考一下双方直接存在的差距，考虑一下为什么会出现僵局。这样的局面是不是自己想要的，最终会给自己带来什么样的损失。

休会期间，参与谈判的人员可以商量商量，再给领导汇报下，请示高层领导遇到这样的僵局要如何处理。到底需要让步多少，做到心中有数，对将要进行的谈判采取进一步的行动。

在休会期间，还可以让双方的高层领导互相接触，了解一下，融洽一下双方僵持对立的关系。还可以组织双方参与谈判的人员进行交流，在私下可以一起聚聚，大家一起游览、参加宴会或者其他一些娱乐活动。这样一来，双方在互相接触中，对对方的了解就会多一些，在轻松愉快的氛围中很容易就打成了协议。经过一段时间的休会，当谈判重新开始的时候，大家再一次坐到一起，原来谈判桌上紧张的气氛已经无影无踪了。自然，僵持对立的局面也就比较容易沟通和解决，谈判僵局随之打破。

我们来看看史蒂夫是如何利用这一策略的。

史蒂夫是爱姆垂旅店董事会成员，这家旅店是专门为那些18—25岁之间的青年服务的。

董事会想把爱姆垂旅店从萨默维尔迁到一个安静的、半居住性的社区。他们需要安静，显然这个地点不适合，尽管它的面积很大，甚至还有一个一英亩大的庭院。董事会也给出了一些比较合适的迁移地点：布莱克莱恩市、梅德福市或奥尔斯顿市区。尽管这个想法是好的，但是他们不得不面临一个现实。从财务上看，想迁移是不容易的，所以他们的想法暂时搁浅了。不过，机会终于来了。几个月以后，爱姆垂旅店来了一位名叫威尔逊的先生。威尔逊找到旅店的经理彼得斯夫人，并表示他的公司（一家建筑开发承包公司）愿意买下爱姆垂旅店。这很突然，因为爱姆垂旅店从来没有公开对外宣布过想要搬迁，彼得斯夫人当时就立刻回答："我可没打算卖旅店，不过如果你给的价钱合适的话，董事会也许会考虑一下。"威尔逊留给彼得斯夫人一张名片说："如果你们打算卖的话，我随时可以继续这笔交易。”

董事会决定委派史蒂夫去进行这次谈判。史蒂夫找到他的朋友帮忙，他的朋友是一个谈判高手。他们决定先给威尔逊先生打个非正式电话，在得到威尔逊的邀请之后，他打算去试探一下威尔逊。在整个宴会上，史蒂夫不透露有关他们公司的任何消息，史蒂夫还坚持自己付自己的帐单。通过调查，史蒂夫知道了威尔逊是一个守信用的人，他的公司之所以买爱姆垂旅店，很大可能是打算在这里建造公寓。威尔逊希望他们可以开始谈论价格问题，但是史蒂夫说，他没有这些权利，除非得到董事会的批准，他们才可能开始实质性的谈判。

接下来的两个星期，史蒂夫做了一系列的准备，使他确定了他们旅馆的成交底线，他们的底线就是要取决于是否可以找到合适的搬迁地点。在所有以前曾确定的地点中，位于布鲁克莱恩的那个可以排除了。于是他把要购买的地点放在了梅德福和奥尔斯顿。史蒂夫通过交谈得知：购买梅德福的那块地需要175000美元，而奥尔斯顿的那块地需要235000美元。

现在，史蒂夫几乎可以断定，爱姆垂旅店要想搬迁到梅德福至少需要220000美元，而搬迁到奥尔斯顿则至少需要275000美元，而且奥尔斯顿的那个地点比梅德福的那个好得多，而梅德福比爱姆垂的这个好。所以史蒂夫最后决定，他的保留价格是220000美元，但是最好是275000美元。接下来史蒂夫又开始调查，通过考察他了解到爱姆垂旅店可能大约仅值125000美元。是到了和威尔逊谈判的时候了，史蒂夫和他的朋友都感到，由于他们对威尔逊的保留价格不是很确定，这样就会导致报价过低或者过高，于是史蒂夫决定让威尔逊首先报价。当威尔逊这样开始：“请告诉我，你们能够接受的最低价格是多少？”史蒂夫反问道：“你可以说出你愿意出的最高价格，让我来看看是否在商量下。”威尔逊报出了他的价格125000美元，史蒂夫立即回答说：“这可不行，爱姆垂旅店完全可以卖个更高的价格，再说，我们一点也不想搬走，除非搬到更安静的地方去。但是安静的地方房子的价格是很高的。要是搬迁的话，只有售价600000美元才可以解决这个问题。”威尔逊说他绝对接受不了这个价格。由于双方态度都很坚决，他们只好选择休会，因为他们都打算再作一些调查。两天以后，史蒂夫接到了威尔逊的电话，他告诉史蒂夫，他愿意出价250000美元，因为这个旅馆是在做帮助别人的好事。可是史蒂夫不小心泄露了他的大概底线。他又说他相信他能说服理事会把价格降到475000美元，他们双方各作了一些让步。威尔逊逐渐将报价提高到290000美元，最后的报价是300000美元，史蒂夫则从475000美元降到425000美元，又降到400000美元。然后当威尔逊强硬地说300000美元时，他又把价格降到了350000美元。在最后的谈判中，史蒂夫再次运用了谈判中的休会策略，他又宣布了停止谈判，并告诉威尔逊，他必须要获得董事会的认可，看能不能突破350000美元。

休会后史蒂夫又去计算他们准备购买奥尔斯顿的那块房地产需要付出多少钱，最后得出他们只需要300000美元就能满足所有的开销。

第二天，史蒂夫向威尔逊解释说，旅店对是否接受300000美元的报价有不同的意见（这当然是实情），并说如果他们的买卖做成了，希望他的公司能免费为爱姆垂旅店新买的房子做维修工作，那样的话可以接受300000美元的报价。最后，史蒂夫提出：威尔逊要是可以为旅店提供一笔40000美元的免税赞助也可以。他们把这笔钱放入旅店的“财务援助基金”中，让急需帮助的旅店使用，威尔逊觉得这是一个好主意。最后，根据法律规定，威尔逊的公司要直接付给爱姆垂旅店325000美元。这是一个很惊喜的价格。你看，本来史蒂夫他们的旅店就想搬迁，但是由于经费问题不得不搁置下这个想法。得知威尔逊要购买他们旅店的时候，他们的表现不是欣喜若狂，而是非常的不愿意出售，这样就给威尔逊一个假象，从而为谈判埋下了胜利的伏笔。在谈判中，史蒂夫多次运用休会策略。不但保全了威尔逊的面子，又巧妙地突破了自己的最终报价。获得了爱姆垂旅店搬迁的全部需求。获得了这次谈判的最终胜利。

恰到好处的幽默，有利于打破僵局

在生活中，幽默不但给我们的生活带来乐趣，减轻我们的精神压力，而且还能够缓解人与人之间发生的摩擦。一个得体的幽默，往往可以化解双方的剑拔弩张，可以说哪里有幽默，哪里的气氛就会活跃。

幽默是谈判制胜的法宝。谈判双方由于一句话不和或者提出的条件令对方感到难以接受，就会使气氛变得尴尬，使谈判陷入僵局而无法继续下去。这时恰到好处地使用幽默语言，有利于打破僵局，使冷场的窘境在笑声中得以瓦解。

在戈尔巴乔夫同日本首相中曾根的一场谈判中，幽默的语言就为这次谈判画上了完美的句号。

1988年7月22日，中曾根首相与戈尔巴乔夫进行会谈。戈尔巴乔夫说："听说日本居然有人在说，只要日本的经济力量在不断加强，总有一天，在与苏联的经济合作中，苏联就会乖乖地屈服。可是说这话是大错特错的，苏联绝对不会屈服于日本的经济合作。"

听到戈尔巴乔夫的话，中曾根立刻反驳："不管怎么说，苏联和日本的经济交流也是很重要的，而阻扰两国关系发展的正是北方领土问题。我毕业于东大法律系，你毕业于莫斯科大学法律系。我们两个都是毕业于法律系。对国际法、条约和联合国的声明都是很熟悉的，就连国际上都承认日本的主张是正确的。”

双方的谈判气氛一下子变得紧张起来。这时候戈尔巴乔夫说了一句幽默的话：“正是因为我当法律家亏了，所以我成为了一个政治家。”听到这里，大家都笑了出来。紧张气氛得到了缓解，为谈判的顺利进行打下了基础。

众所周知，价格问题是谈判中最关键的一点。谈判双方往往会在这个问题上争执不休，谁都想最大限度地为自己争取利益。我们来看看，幽默在讨价还价中的神奇作用。

前苏联驻挪威全权贸易代表柯伦泰是世界上第一位女大使。有一次，她负责购买挪威鲱鱼，可是挪威商人的报价实在是高的离谱，而她给出的价格也是非常低。因此，双方在讨价还价的过程中，进行了激烈的争辩，双方都不愿意让步，谈判陷入了僵局。为了打破僵局，柯伦泰笑笑说：“好吧，我个人认可你们的报价，不过，如果我的政府对这个价格不批准，我愿意用我的个人工资来分期支付差额，可能这需要很久，也许要一辈子。”挪威商人明白了柯伦泰的政府是不会批准他们的报价的，哪怕柯伦泰让步也是没有用的。于是，只好同意了柯伦泰认可的价格。在这里，柯伦泰运用了幽默的战术，她先同意对方的报价来打破僵局，接着让对方明白，她的让步是没有任何意义的，背后做主的是她的国家，从而获得了谈判的胜利。

在谈判中，谈判双方常常会在关键性问题上互不相让而使谈判陷入僵局，甚至面临破裂的危险。如果觉得谈判破裂会给自己造成大的损失的一方运用幽默的语言，做一些小的让步打破僵局，谈判就会继续进行下去。

谈判中如果幽默语言运用得当，会收到意想不到的效果，但是如果运用不当，就会适得其反。所以，要想谈判中正确运用幽默用语，需要掌握以下几点：

首先，运用幽默语言的时候，要因时因地因人而异，不要滥用。在谈判中，要善于观察和思考，在恰当的时机表现出你的幽默。一般来说，在谈判开始时、出现紧张气氛时、双方争执不休时运用幽默。在运用的时候，还有注意场合和环境，看准之后再使用。

其次，运用幽默要适可而止，该停止的时候一定要停止。如果不看情形，一味使用的话，会给人留下不好的印象，对方会觉得你庸俗，有哗众取宠的嫌疑。

最后，运用幽默语言的时候，要掌握一定的技巧，使双方都能够接受，达到缓解谈判气氛的目的。灵活运用幽默语言，做到准确、恰当，能够收到想要的效果。

鼓励对方：善于利用一致的观点，消除沮丧情绪

当谈判陷入僵局的时候，你可以试着鼓励对方说："你看，现在许多问题都已经很好地解决了，就剩下这么一点问题了，如果不一起解决的话，岂不是太可惜了吗？"你的这种看似非常平常的说法，实际上是最能鼓舞人的。在谈判中，这种鼓励对方的语言发挥着很大的作用。特别是对于牵涉到很多条件的谈判来说，更要注意运用这些鼓励策略来打破僵局。比如在一场包含有八项议题的谈判中，其中的六项是关键，其余两项只是次要的议题。现在，假设你与你的对手已经

获得了五个项目的协议，只剩下两项的协议，其中这两项协议中只有一项是重要议题。可是正是这个议题使得你们陷入了僵局。你可以这样告诉对方，“你看，前面的议题咱们都已经解决了，剩下的这个议题要是一并解决的话，其他的小问题就好办多了。如果在这个议题上陷入了僵局，我们一起放弃了，那么前面所作的努力就全都白费了，我想你也会和我一样觉得遗憾的！”听到你这样说，对方也会表示心疼，他也不想就这么放弃。于是，他多半会同意继续谈判，这样你们之间的僵局也会自然地化解了。

难得糊涂：假装不明白，巧布僵局防御

谈判高手都知道这个道理，在谈判过程中，有时候“糊涂”的人往往比那些“聪明”的人更能赢得谈判胜利。锋芒太露、不知道让人，这样容易给自己树立敌人。

在谈判中，有一个比较重要的技巧，那就是适时懂得“装傻”——不露出自己的精明，也不去纠正对方的错误，假装不明白，反而更能获得对方的好感。大多数情况下，人们总是会帮助那些各方面都不如自己的人，认为他们比自己懂得少，他们是弱者。一旦有了这个思想，心理上就会消除对对方的防备。假如是你，你会对一个处处不如你的人设防吗？当他们虚心来请教你的时候，你会把他们当作竞争对手吗？答案是否定的！面对这种情况，我们都会产生同情心，会不由自主地去帮助他们。所以在谈判时，你越是装着自己不懂，比对方知道的东西少，最终的结果反而对你越有利！但是记住一点，假装不明白也要有个限度，千万不能让对方以为你是

一个弱智！

看过《哥伦布传奇》的人，相信都会对那个糊里糊涂的警察印象深刻！

那个每天嘴巴里叼着烟屁股，穿件破旧衣服，看起来满面忧伤的家伙，每天都是那么迷糊，整天稀里糊涂地生活着，不知道自己想要的是什么。可是，正是他这样一副傻乎乎的样子，才最终取得了胜利。因为他的落魄倒霉的样子对任何人都不会产生威胁，以至于连那些杀人犯都放松警惕，对他保持同情，希望他可以早日破案。实际上，这位警察是一位非常聪明的人，正是他这种装傻的艺术，最终使他破获了那些别人无法破获的案件，这正是装傻的效果。在谈判中也是如此。谈判开始，一旦你表现的糊里糊涂，一副不知情的样子，反而获得的信息是最多的。谈判高手懂得假装不明白的好处，他们常常会这样做：装作不清楚这件事，然后希望对方可以给自己尽可能多的时间，来想清楚对方的话的真正含义，看看自己是否还可以有机会提出更近一步的要求。告诉对方自己不明白，需要征求领导的意见，这样做的好处可以晚些做出决定，给自己争取更多的时间。

在苏联卫国战争初期，德军长驱直人，面对新形势，那些曾经驰骋沙场的老将们明显地感到了力不从心。这时候，一批新的军事家脱颖而出，如朱可夫、华西列夫斯基、什捷缅科等。其实面对这些优秀的晚辈，老将们也不是没有思想压力的，但是为了国家，这些老将们还是主动挑起重担。1964年2月，苏联元帅铁木辛哥去波罗的海，负责帮助协调一、二方面军的行动，这一次同去的还有什捷缅科，什捷缅科是作为他的参谋长一起去的。由于什捷缅科早就知道铁木辛哥对他们总参部的人不信任，一直抱有怀疑态度，在思想上有个大疙瘩，这次与铁木辛哥一起前行他总是在担心。可是他也没办法，这是上级的命令，没办法抗拒，只能选择服从。在必要的时候，学会假装不明白就可以了。

果然，什捷缅科猜对了。上了火车，吃晚饭的时候，铁木辛哥就开始问他："为什么会派你跟我一起去？你去的目的是什么，就是为了监督我们这些老头子吗？告诉你，你们白费劲！当你们刚刚会走路的时候，我们就已经领兵打仗了，我们为了给你们建立苏维埃政权而奋斗。可你们呢，你以为你是军事学院毕业的，就自以为是，以为自己很了不起了，是吗？开始革命的时候，你才多大呀？"铁木辛哥的这番话，对什捷缅科来说几乎算是侮辱了。面对这个火爆的老将，什捷缅科老实地回答他的话："那时候，我才刚满十岁。"什捷缅科对铁木辛哥非常尊重，还打算向他学习。由于什捷缅科的谦虚，装作不清楚，铁木辛哥最后说了这样的话："算了，睡觉吧，让时间来证明吧。"

他们共同工作了一个月后，铁木辛哥这样对什捷缅科说："现在我明白了，你并不是我以前想的那种人。我曾想过，你也许是斯大林派来专门监督我的……"后来什捷缅科被召回时，铁木辛哥很不舍得他离去。又过了一个月，铁木辛哥忍耐不住了，他亲自提出要求，把什捷缅科调来，与他一起工作。

正是因为什捷缅科在铁木辛哥的侮辱中装作不明白，又加上对铁木辛哥的尊重，最终通过了这位元帅的考验。什捷缅科的装傻是大智若愚的表现，你要明白，凡是懂得装假的人绝对不是一个傻子，而这正是他聪明的地方。

在我们的生活中，要想受到别人的敬重，掩藏自己的聪明也是一个比较好的做法。谈判中，如果对方告诉你："这个方案，我还有一些地方不明白，模糊不清。"你该如何回答呢？是直接告诉他吗？其实，他并不是不明白，只是比较谦虚的说法，你可以这样回答他："不明白？模糊？你可以具体说说吗？我也听说过。不过，你可以给我清楚地解释一下嘛，什么叫做模糊？"相信他们听到这样的话，就会放下对你的抵抗情绪，最终获得你想要的结果。

不过，你要记住：一定不要在自己的专业领域上装作不明白，糊涂、装傻都不是好的事情。如果你是一名医生，可千万不要说出："我不知道你的病情……"如果你是演讲家，千万不要说我不懂得演讲。再比如你是一位汽车销售员，当别人来买车的时候，你说出这样的话："关于这辆车子的性能，我也不知道，因为我没有试驾过。"那么，相信你是无论如何也不会与对方达成协议的。谈判的前提是你要知道对方，并了解对方，学会站在对方的立场上看待问题。

谈判高手知道，装傻可以消除对方的抵抗情绪，从而可以打破谈判的僵局，打开双赢的大门。

08

| 第八章 |

应对“死胡同”

关注肢体语言

在谈判过程中，谈判新手很容易把谈判中的死胡同和僵局混为一谈。谈判高手知道，有些看起来是死胡同的谈判，其实也许只是谈判中的僵局或者困境罢了。无论什么时候，你都不要放弃，你可以使用一些简单的办法区分这些。当谈判陷入死胡同的时候，你可以观察对方的肢体语言，来看看是否已经是真正的死胡同。在日常生活中，我们常常见到有人摇头或者点头来表示对某一问题的看法，这就是肢体语言，肢体语言对人的情绪起着调节的作用。谈判中，我们可以通过观察对方的肢体语言来获得相应的信息，抓住肢体语言的细微之处的变化，才能更好地把握住对方，为自己争取最大的利益。

特别是在谈判中，肢体语言具有重要的作用。注意观察并仔细研究对手的身体语言所传达的有用信息，有助于谈判朝着好的一面发展。

谈判中，要是你遇到那些摇头晃脑的人，你就猜到了他们是特别自信的人，甚至有点唯我独尊。他们不但很会表现自己，还拥有勇往直前的精神，一直坚信自己能够成功。

而那些喜欢一边说话一边微笑的人，性格往往比较开朗，富有人情味，他们的人缘比较好，懂得珍惜身边的亲朋好友，喜欢过平静的生活，不会耍心机。

在别人讲话的时候，习惯把自己的手指掰得“啪啪”响的人，他们的精力旺盛，非常健谈，喜欢钻牛角尖。这类型的人，在谈判中可不好对付，他们对谈判的要求比较挑剔。但是只要是他喜欢的事情，他就会坚持做下去，并且不计任何代价，踏踏实实去努力实现。

那些手脚抖动的人，在谈判中表现得最自私，很少考虑别人的利益，一切都是从自己出发，对别人吝啬，对自己大方。谈判中，他们会经常提出一些让对方意想不到的问题。

喜欢拍打头部的人，一般是心直口快的人，缺点是比较苛刻，不太注重感情，但是为人真诚，富有同情心，愿意帮助别人可是却守不住秘密。这类人对事业有着锲而不舍的开拓精神。

谈判中，你也会遇到一些喜欢摆弄小物件的女子，她们的性格一般比较内向，不会轻易使感情外露，做事认真踏实。

那些习惯于耸肩摊手的人，大都是热情诚恳，富有想象力的人。他们追求的最大幸福是生活在和睦、舒畅的环境中。

习惯于抹嘴捏鼻的人，大都喜欢捉弄别人，却又不会“敢做敢当”，爱好哗众取宠。这种人最终是被人支配的人，别人要他做什么，他就做什么，时常拿不定主意。

有些人认为面对面的谈判很恐怖，容易神经紧张、焦躁不安、甚至身子僵直，他们的谈话过于僵硬、不自然。此时你能做的是，放松对手的心情，让他有宾至如归的感觉。慌张不安常发生在没有商业背景的人身上，他们身处异地，不知道会发生什么事。你可以建议比较舒适的座位安置，或者主动松解你的领带，卷起你的袖子，来表示一切会很轻松舒适。有些人太紧张了，如果你不小心的话，他们会让你也开头紧张不安，千万不要令这种事发生。记住，没人喜欢紧张、焦躁，每个人都想拥有舒适愉快的感觉，所以如果你能消除对手的紧张不安，他会觉得好一点，对你心怀感谢，这有助于谈判的胜利。

与膝盖发抖者谈判令人有挫折感，你必须让对方的膝盖停止发抖。如果你不这么做，谈判就不会有任何进展。让膝盖发抖者停止发抖的方法是：让他站起来，去吃顿午饭，喝点饮料或散散步、提提神。因为你知道现在你的对手坐着的时候会膝盖颤抖，所以你必须在散步、走路时完成交易。顺便说说，美国前国务卿享利·基辛格是运用此技巧的佼佼者，也是“走路谈判”的全力提倡者。

比如，你正在让顾客看一个促销的小册子。如果你既想卖出商品，又想推销自己，那么你就应该拿出一支笔，去指示小册子上的文字。

当然，对方的注意力会集中在笔尖上。然后，你慢慢地抬起笔。于是，对方的视线就会离开小册子，跟着笔尖转到你的脸上。使用这个技巧，不仅能推销商品，而且能推销自我，使对方认真地注视你。

直觉不是什么神秘的事物，它仅意味着一位有直觉的人有极大的耐心去观察细节和行为的细微差异。关心你的对手，注意他的行为举止，如果事情不顺利的话要有所警觉，任何迟疑、迟钝都可说是导致谈判失败的原因。如果真是谈判所谈问题造成的，对此障碍须采用必要的对策，试着从其他方式、角度来阐述你的论点。不过你的对手的反应，也可能因为其他因素，可能是你阐明主张的方式态度不适当。如果你的个性很强，那么你的对手可能因此而觉得不舒适，对你们正在讨论的一切问题变得极其敏感。注意咳嗽、弹指、转笔，以及其他不耐烦和紧张的信号。它们必须予以处理，谈判才能继续进行。简而言之，虽然在任何谈判时轻松地进行商议是最理想的，不过事实上你不可能真正轻松，你必须时时刻刻小心注意、观察你的对手，并不断地思索如何影响对方对你的看法。如果你的对手通过言语或揉弄头发向你传达了信息，你必须对此信息做适当的反应，有利于谈判的顺利进行。

随着世界经济全球化的发展，企业之间的合作与竞争已成为商业发展的灵魂，谈判行为的普遍性也得到了充分的体现，促使越来越多的国家、企业乃至个人都开始重视商务谈判的技巧与沟通，促使人们去探究谈判的内在规律，从而把谈判成功的偶然变为必然。美国企业管理学家哈里·西蒙曾经说过：“成功的人都是出色的语言表达者。”成功的商务谈判都是谈判各方出色运用语言艺术的结果。

快速的应变能力

应变能力就是指应对变化的能力，通常是指当我们面对以前没有遇到过的事情或者在没有思想准备的情况下，突然发生的事件，能够快速地做出反应，并找到解决问题的办法，最后灵活处理事情、圆满解决问题的一种能力。

应变能力是我们每一个人都需要具备的能力，特别是在现实中，我们每天都要面对很多新的信息，如何快速地分析和灵活运用这些信息呢？这就需要我们具有良好的应变能力。

我们每个人的应变能力都不尽相同，这不仅因为我们每个人的先天因素，比如，多血质的人就比粘液质的人应变能力强。还有后天的因素，你看那些长期从事紧张工作的人往往比工作安逸的人应变能力会高些。所以应变能力也不是一成不变的，可以通过后期的加强训练进行培养。随着社会的进步，我们每个人面临的压力在增大。特别是在谈判中，参与谈判的人员更需要具有快速的应变能力。良好的、快速的应变能力，可以帮助你轻松应对谈判中的各种瓶颈，特别是当双方陷入僵局或者死胡同的时候，更要有迅速地临场应变能力。

商场里，年轻的导购小姐正在耐心地听顾客说话。这是一位50多岁的老太太，老太太在店铺里转了一圈之后，似乎很有权威地下了定论："你们店铺出售的衣服颜色都好鲜艳啊，我找了好久才发现了喜欢的一款裙子，可怎么感觉式样太花了呢？哎呀，这上了年纪的人买衣服可真难，都找不到适合我穿的。"导购小姐微笑着听完了客户的抱怨，得知客户没有继续购买下去的动力了。当然，导购小姐是很希望卖掉这款衣服的，反应力很强的导购小姐理立刻说："阿姨，你可真有眼光，这件裙子是今年最流行的，它的花色看起来似乎有点花，但是非常时尚。可能您以前穿的稳重点的衣服比较多，所以看到这款喜欢的裙子时，内心的第一想法就是有点不习惯。不过，您看起来一点都不老，我还是建议您可以尝试着换换穿衣风格。再说您的皮肤很亮，穿这款带花的裙子更能突出您的时尚感。当然，我只是提议您一下，这款裙子到底好不好看，我说再好看也没用，您可以穿上试试，穿到您身上，这款裙子可有说服力。"

这位客户感觉导购的话很有道理，于是就穿上试试，当然，这位客户最终把这件喜欢的裙子打包回家了。

看，这种销售中的应变能力随时可见，我们在深深佩服之余，不禁羡慕起那么应变能力强的人，其实，你不必羡慕他们。你也一定可以。

我的一个学员来与我分享了她的面试经历。米修是一家公司的文秘，说起应聘这个职位的往事，她说那是一次冒险，我听后觉得她很勇敢。面试的时候，主考官要她抽一个题目，限时5分钟之内答完。她抽到的题目是"华盛顿给你的印象如何"。这道看似简单的题目，却难住了米修。米修对华盛顿几乎没有什么印象，甚至可以说是非常陌生，因为她没去过，这可怎么办呢？当时她根据看来的听来的，断断续续地讲了几句，最后实在讲不下去了，出现了冷场，反正是没有希望了。于是，米修勇敢地咨询面试的工作人员，她能否讲讲夏洛特，那是她的故乡。没想到，工作人员答应了。由于是自己的家乡，米修讲起来充满了感情，她讲得真是好极了！当然，最后她获得了这份工作。事后，主考官这样评价她，组织语言能力不错，应变能力很强。别的应聘者抽到不符合自己的题目，就因为不了解而放弃了。正是由于米修的这份应变能力，使她在以后的工作中，每次的任务完成的都很出色。可见，要想增强你的临场应变能力，必须要做到自己心中有足够的信心。不过，光有信心还是不够的，你还要有足够的能力。特别是在谈判中，当谈判陷入僵局，看似无路可走，眼看就要放弃的时候，你不妨想想办法，主动出击化解僵局。你不要事事被动，有时候，甚至你的一句问话都会有意想不到的收获。只有做到心里有底，才能遇事不慌，尽最大可能发挥自己的临场应变能力。

应变能力是可以培养的，我们可以从以下几个方面入手：

1. 多参加富有挑战性的实践活动

当我们解决和克服遇到的问题和困难的时候，其实就是在增强我们的应变能力。无论是学校、家庭、公司还是个人小团体，都是社会的一个缩影。面对困难和问题的时候，我们要学会积极想办法解决。多参加那些具有挑战性的活动，在实践中得到训练。

2. 加强自身修养

无论是在工作、学习还是在日常生活中，那些应变能力强的人往往能够冷静地面对各种突发状况，他们能够不慌不忙地找到解决问题的方法。特别是在谈判中，一旦双方的意见出现分歧，谈判陷入僵局，更应该沉着、冷静，先进行一番自我检查，这样有助于培养良好的应变能力。要注意改变我们的不良习惯和惰性，遇到问题不要迟疑，优柔寡断只会使事情更糟。我们要不断提高我们分析问题的能力，并迅速做出决定。从小事开始，努力控制自己的情绪。只要下决心锻炼，每个人的应变能力都会不断的提高。

在面对突发事件的时候，那些谈判高手总是能够坦然相对，不慌不忙，只要想着没什么大不了的，即使天塌下来，还有地顶着。当谈判陷入僵局时，哪怕对方用词比较苛刻，他们也不会急于去应对。记住，万事以忍为贵，三思而后行，然后寻找机会去应对。不管对方的态度如何，都要保持冷静，细心地去寻找对方的弱点、漏洞或疏忽，准确找到对方的穴位，灵活地根据已发生的情况，迅速做出新的判断。

运用无声语言——沉默是金

在谈判中，有时候说话最少的一方获得的收益最多。任何一场谈判都要注意时效性，就是在有限的时间内解决所有的问题。有的谈判者口若悬河妙语连珠，在谈判中以绝对优势压倒对方，但在谈判结束之后却发现实际上并没有得到多少好处。

假如你是卖方，你会经常遇到比较难说话的对手，他们对你的产品报价不置可否，而且再三强调他们和现在的供应商关系融洽、合作愉快，目前绝没有更换供应商的可能。假如你相信他们，你就彻底失去了这笔生意。你要知道，全世界的任何一个买家都不会轻易放弃一笔好交易，他们拒绝你的目的就是为了了解你的底线。所以你要坚持，无论出现什么情况，都不会对你造成损失。他们会在你打算放弃的前一秒这样问你：“你的最低价格是多少呢？”你看，他们之前所作的努力不就是为了这句话吗？听到这里，你的反应是什么？是报最低价给他们？哦，一定不要！哪怕他们听到了你的最低价，也会以不合作的态度逼迫你再次降价，特别是在他们掌握了你的最低价之后。只要你们没有达成交易，他们就是赢家。当他们与你或者是别的公司谈判的时候，他们都掌握了主动权。你可以和他们比比看谁更有耐心，你可以请他们给出个合适的价格：“还是请你们给出合适的价格吧？”然后，你就保持沉默，记住，一定要百分之百的沉默，一个字也不要说！这对于一个性格外向的人来说，简直是难以忍受的，假如屋子里面再有一个“滴滴嗒嗒”走着的闹钟，那种环境就更加的恐怖了。但是，双方还是在博弈。不过，别看面带微笑，其实笑容已经僵硬了。这个时候，是不是觉得时间特别难熬？这种情况下，谁先开口谁就是让步的那一方，“好吧，我再给你让百分之一，你要是不接受，那么现在谈判就可以结束了。”就是这么简单，你看，沉默也是一种谈判的战术，宁可咬破嘴唇，也要保持沉默。

沉默能够迫使对方让步，最大限度掩饰自己的底牌。在你还没弄清对方的意图之前，不要轻易地开口说话。任何谈判中，都包含报价和低价，由于对方的底价是未知的，只有知道对方的开价之后，才可以在谈判中占据一定的优势。事实上，谈判双方会隐藏自己的报价，都不愿意先开口报价。

在谈判中，每个人都有自己的谈判技巧和风格。但是不管是哪一种技巧和风格，其目的是为了达成交易。甚至有人认为达成交易最好的做法就是讨价还价。口才好的人就是多说话，而事实上，多说话并不是以理服人的好策略。甚至会引起对方的反感。

琳达是一家电子科技公司的推销员，有一天，她和客户约好，拿着产品的样品和资料去客户那里，双方寒暄了几句之后。通过对客户的观察，琳达发现客户不是一个重视品质的人，怎么说呢？这位客户对产品的品质要求都不是很高，反而看中产品的价格。于是，琳达简单地做完了产品的功能演示之后，就保持沉默。客户试着演示一遍之后，感觉产品还是比较不错的。对于产品的性能、质量这方面都觉得很满意。但是问题就在于最后的报价上。琳达有意识地保持沉默。能少说的尽量少说，她一直保持着少说多听的原则。让客户主动说出对于产品的看法如何。琳达先给了一个报价。就让客户自己去考虑分析了。而客户呢，看到沉默的琳达，心理也开始犹豫了。因为客户现在也看过好几家公司的产品。质量、品质各方面都相差无几。但是别的客户还没有报价，只要琳达表现的非常有诚意，把价格报上去了。看到琳达的沉默，客户提出了他们需要的很多额外服务，比如需要产品有个质量保证，包括维修和保修这块也提出了见解，对于这些问题，琳达公司都没有任何异议，这样产品本来就需要做好的。除了这些之外，客户还要求琳达公司在合同上注明这些具体的小要求。到最后的价格谈判了。客户希望琳达能够优惠一些，因为客户需要的数量很大。不过，客户还有一个问题，那就是他不知道他们的销量如何，担心产品卖不出去了怎么办？沉默的琳达听到这里，承诺说："你可以先拿一些产品试试，但是这些产品的价格就不能优惠很多了，只能按照平时的批发价给你。如果销量好了，以后的需求量大了，价格再议。"对于琳达的建议，客户觉得有点不划算，但是客户又想成交，于是客户把产品翻来覆去的看，想找出产品的缺点和不足之处。这样价格上就可以得到一定的优惠。琳达对自己的产品很有信心，她知道自己公司的产品在同行中都有着绝对的优势，她不为这些担心。于是，琳达在整个谈判中，说出的话非常少，继续保持沉默。对于客户的异议琳达只是点头或者摇头来表示。

这是一场博弈战，好在最后客户妥协了，琳达高兴极了，这是一个完全可以接受的报价。但是琳达并没有表现出来。她装作委屈的样子说：“这样吧，我做不了主，我需要回去和领导商量一下才行。我会尽量帮你争取到更优惠的价格。”

琳达刚到达公司，客户的电话随之也来了：“先发一批货吧，这次数量不是很大，也就500多个，合同一会传真过来，签约吧。”琳达这次在谈判中保持着沉默，全场说过的话不超过四句。

琳达的成功在于她深深懂得沉默的重要性，她时刻告诉自己，每一次的谈判千万不要第一个开口讲话，大多数情况下，先开口的那一方容易失败，在谈判中保持适当地沉默，不仅可以表达自己的不同观点，还可以给人一种神秘感和威慑感。我们再来看看一个因为及时保持沉默而谈判成功的例子。

一个工厂主，由于生意冷淡就想改行。于是，他打算变卖自己的旧器材，他对这些旧的器材没有太多的期望，他心想：这些机器磨损得已经很厉害了，不值钱了，能卖多少算多少吧。假如能卖到四万美元，那是最好的结果了，如果别人压价，不愿意给四万美元，那么三万美元我也卖给他。终于来了一位买主，他在看完机器后，就把这堆机器的毛病挨个说了一遍，从剥落的油漆说到老化的性能，再到缓慢的速度，几乎没有停过。工厂主想，这是压价来了，于是他耐着性子听对方滔滔不绝地埋怨，一句话也不说，只是沉默。买主终于不说了，他停下来对这位工厂主说：“事实上，我是真的不想买，我没看上这堆破东西。但是，如果你的价格合理，我还可以考虑一下，你就说个最低价格吧！”

这位工厂主还在思考，到底是卖还是不卖呢？

就在他沉默的时候，他听到了一句话："不管你现在想着怎么提价，我首先需要说明，我最多只愿意给你六万美元，这是我的底线，我不会给你加价了。"

结果，这位工厂主因为几秒钟的沉默，多卖了几万美元！

在谈判中，适当采取沉默的心理策略。没错，百分之百的沉默，一个字也不说！你不要害怕沉默，如果对方性子比较急，那么，他就有可能先开口说话，你就可以得到更多的信息。一旦出现沉默，对手可能会反思自己的言行，他会想：是不是价格不合理，还是问题提问错了呢？等等。对方会怀疑自己，把自己往坏处想，他反而会想起对方的好处。他开口说的越多，你掌握的信息也就越多，越能控制谈判的局面，也就成为了谈判的最后赢家。

面对冲突要冷静

我们常常会因为一件小事与对方吵闹不休，有时候吵得不可开交，最后甚至是依靠武力来解决。可是等到事情结束之后，你仔细想想就会觉得事情发生的莫名其妙。这些冲突完全可以避免，根本就没有任何争吵的必要。

冲突在我们的生活中随处可见。我们不是生活在真空中，自然就无法避免与人产生摩擦。由于人们对某一件事的看法不同，也会引起冲突。我们知道，世界上没有完全相同的树叶，更何况是我们人呢？

当发生冲突的时候，主要是冷静下来想想，就会避免这些事情的发生。但是如果我们心态不好的话，一点小事就有可能会发展成不可饶恕的大事。

纽约市的一个电话公司的策划部经理罗拉认为，员工们之所以在工作中产生冲突，就是因为他们对工作的热情而产生的。他认为冲突可以带来新的思想、建议、解决问题的方法，问题的关键不是冲突，而是如何处理好这些冲突。

一个名叫瓦特的员工，以罗拉和他的策划部的名义给公司的同事玛丽发了一封邮件，指责玛丽的策划方案中存在的不足，并且命令玛丽，必须立刻改正它或者找个更加适合的人来做这件事。罗拉看到这封信的时候，直接找到瓦特，和蔼地告诉瓦特，他指出玛丽的错误是对的，但是运用的方法是不当的。而且又幽默地告诉他说，不应该善用他人的名义来发这封邮件，这不是解决问题的正确方法，希望瓦特能够与玛丽讨论这些策划方案，并且用别的方式去解决这个问题。第二天，瓦特找到了罗拉，告诉他说自己已经与玛丽协商好了策划方案中存在的问题，而玛丽呢，也已经原谅了自己的鲁莽。你看，罗拉面对瓦特的荒唐事并没有大吵大闹，也没有严厉地批评，罗拉只是给瓦特提出了一个建议，使瓦特意识到自己所犯的错误。瓦特不但及时认识了自己的错误，还妥善解决了这个问题。假如罗拉面对这件事，采取的是激烈的对抗态度，相信事情不会这么快就解决好的。

你怎样对待他人，他人便会怎样对待你，“争论中没有真正的赢家”，由于观点不同、意见不同、发生冲突是必然的。每个单位、每个部门都会存在各种形式的冲突，这些冲突都不是问题，真正的问题在于你如何处理这些冲突。特别是在谈判中，一旦双方发生冲突，解决不妥当，很容易就使谈判陷入僵局，甚至是中断谈判。谈判高手认为，在谈判中，发生冲突之后，将问题和困难公开，让大家讨论，找到一个使发生冲突的双方都满意的方法。一旦发现问题所在，就立刻寻找解决的方法。

当冲突发生之后，你要学会控制现场，防止情况进一步恶化。比如，当你的妻子因为生气而要离家出走时，你可以在她出门的时候夺下她的行李。同样的方法也适用于说服一个愤怒的客户。当对方生气时，你一定要了解他生气的原因。一般情况下，当一个人生气的时候就代表他受到了伤害。那么，你要尽快向对方表明你的立场，一旦对方提出具体的要求，哪怕你并没有打算作出任何让步，你这时候也要满足对方的部分要求。大多数情况下，只要你能够正确了解客户，那么你所面临的问题基本上也就解决了。

要想成为一名谈判高手，必须具备冷静的头脑。遇到冲突要保持冷静，只有冷静地思考，才能理清头绪，能够正确分析问题。充分考虑对方的潜在利益是什么，从而克服自己的冲动，然后心平气和地化解冲突。相反，遇到双方意见不一致的时候，冲动地拍桌子、踢椅子来处理是完全于事无补的，甚至会带来负面的影响。

若即若离：让对方先急一急

谈判高手都知道，在谈判中采取若即若离的谈判技巧，能够给自己带来主动权。通过给对方施压，可以使对方先急一急，更容易达成谈判的胜利。

在谈判过程中，你可以施压给对方，让他从你的角度来看问题，如果对方的开价或者还价你觉得是不能接受的，你可以告诉他如果不让价，你就会结束这次谈判。或者你也可以趁机提出更高的要求，这样做有三点好处：一是对方可能同意你的要求，给你所需要的；二是对方能够意识到要想使谈判顺利进行，他们必须给出更好的条件；三是你的货物的价值已经提高了。

很多时候，双方都会提出高于自己预期的目标，假如因为这些小要求而使谈判失败的话，代价是很高的，因此谈判双方都会分清主次，以大局为重。哪方的谈判技巧运用的好，谈判结果就会有利于哪方。

迈可森是一家皮鞋贸易公司的经理，他与皮鞋供货商皮特之间进行了一场激烈的谈判。他们都知道正在交易的产品成本是很低廉的，于是，供货商皮特锱铢必较，他想从迈可森那里多得到一些利益。皮特这样的做法引起了迈可森的极大反感，本来他们已经合作几十年了，而皮特提价的事情使得迈可森不得不考虑另外寻找合作伙伴。

尽管迈可森并不想真的去寻找，他告诉皮特如果维持原价的话，他们还是愿意与皮特继续合作下去的，他们接下来会开几家连锁店，需要的商品更多。面对迈可森的这些附加条件，供货商皮特假装没有听到，因为当他听到迈可森打算另外寻找合作伙伴的时候，他以为这只是迈可森在虚张声势。

结果如何呢？迈可森和另外的一家皮鞋供应商杰里佛建立了合作关系，新的供货商杰里佛在这次交易中大赚了一笔。皮特很伤心，假如是你，我相信你也会如此的。本来皮特只是想从迈可森那边多赚些钱，结果不但失去了这些年的老客户，还把未来十年的销售额给丢掉了，真是得不偿失啊！为此，皮特很是着急。在他看到迈可森与杰里佛建立合作关系之后，主动找到迈可森，不但不涨价，还把价格维持在一个几乎接近成本的价格上。

在谈判中，要想让对方先急一急，最重要的一点是必须努力使对方相信，一旦他们无法满足你的条件，你随时都会离开谈判桌。我一个要好的朋友朱莉在第一次买车的时候，她选择的是一辆漂亮的二手雷克萨斯。在第一次见到这部车子的时候，她立刻就被白色的外形所吸引，几乎是立刻就决定要买下它了。销售汤姆也看出了这件事。

朱莉告诉我，要我给她谈一个好的价格，我问她："朱莉，难道你今天非买不可吗？你想要个好价钱就必须抱着今天什么也不买，两手空空地准备回家就可以了。"她很不乐意地说："不，我要那辆车，我害怕被卖掉。"我只好耐心地告诉她，如果她一直是这样的心态，那她最好直接接受销售员所说的价格算了。"朱莉，你要知道，假如你没有做好随时走开的准备，你等于是已经输掉了这次谈判。要想获得一个好价格，你就必须若即若离，让销售员先急一急。"

最后，我们花了4个小时，走出了3次销售厅。当然，对方害怕我们真的走了，只好给我们让价。这次谈判结果比我们预期的好了很多，我们最后成交的价格足足低了3000美元。所以只有让对方相信你随时打算走开，你还有别的很多选择，并不是非他家不可，这样你才能够买到称心的商品。对于卖家而言，买家的多种选择机会，才是他们降价的主要因素，而你一旦相信销售的话，你就已经失去了谈判的优势。

你是不是时常听到这样的话："这是我们的最后一件商品了，再不买的话就没有了。"一旦你相信，你就已经把主动权给对方了。只要你掌握了谈判的技巧，相信你很快就可以成为一位谈判高手！

关键时刻"拿"出对方底牌

在谈判中，我们总是会遭遇无数次的竞争对手，在最后一刻，也许你能够用对方意料不到的底牌将对手彻底击垮，从而胜利在握。

我的朋友艾克多在他从商的历程中，对于任何的一次谈判都是泰然自若，哪怕是谈判看似陷入了死胡同，他依然能够在最后的紧张时刻，将对手的决定权牢牢掌握在自己的手里。比如在一次谈判中，双方因为价格陷入了一个死胡同，这场谈判看起来已经没有挽回的余地了。对方的态度是那么坚决——要么就成交，要么就拉倒。而他提出的条件，离艾克多的底线还有一段距离——要是不成交，就意味着失败，要是成交的话，没有任何的利润。眼看谈判就要陷入僵局，可是艾克多不着急，由于事先已经了解了对方的底牌——同样的产品，对方能够卖给A公司的价格一定也能够卖给他，所以他不紧不慢地说出了那个价格。然后说：“据我了解，你们是以这个价格卖给A公司的。”面对艾克多亮出的底牌，对方无话可说，只得以这个价格成交。

掌握对方的底牌能够在谈判中关于对方的报价中取得胜利。

中国的一个厂家在与美国一个公司讨论购买设备的一次谈判中，美国公司报出的价格是218万美元，中方代表不同意，美国降价到128万美元，中方代表还是不同意。美国公司装作大怒，扬言再降10万美元，否则就不成交。谈判看似进入了死胡同，眼看就要一拍两散了，可由于中方代表提前掌握了美国公司的价格底牌，不怕美国公司的威胁，坚持价格还要再降。中方代表中有一个不了解美国公司底线的人说：“接受吧，别到最后谈崩了，我们也损失利益。”其他人给他讲了美国的最低价格，这个代表才恍然大悟。第二天，美国公司果断走人，中方代表一点也不吃惊，他们知道这是美国公司的一个谈判策略。

果然，几天以后，美国代表再次来到谈判桌上，中方代表拿出了美国公司的底牌——美方曾在两年前以98万美元的价格卖给了匈牙利的一个工厂，设备是完全一样的。美国公司看到中国工厂掌握了自己的底牌，只得以物价上涨等理由进行了一番辩解，然后将价格降到合理的范围，成功达成了协议。

谈判的过程就是一场心理斗争的过程，就好比打牌的人永远不想让对方知道自己的底牌一样，谈判的双方都不会把自己的底牌让对方看到。在谈判过程中要给自己留好底牌，因为谈判随时都有可能陷入僵局甚至是死胡同，对方也随时会出新的花招。在这个过程中，千万不要将自己的底牌亮出来。不到最后关头，绝不能把你掌握的最有分量的底牌亮出来，要知道最后的赢家才是真正的赢家。

不过，在谈判中，不到万不得已，不要轻易亮出自己或者对方的底牌。谈判是销售工作成交的一个关键环节，谈判人员要有足够的耐心和高超的谈判技巧。有很多时候，因为销售人员沉不住气，急于成交，很快就亮出自己或者对方的底牌，没有抓住最好的时机，最终让对方掌握了主动权。

销售员亚克尔就曾经犯过这样的错误。

亚克尔销售过一块土地，这里离市中心不远，交通也很方便，可是因为周围有一个木材加工厂，常常会受到干扰。其实噪声也不是不能接受，还是有一定的法子可以避免干扰的。他有一个客户希望购买的土地与他所要出售的这块土地很吻合，因此对亚克尔手中的这块地很感兴趣。亚克尔经过调查发现，这个客户住的地方，噪声干扰比这还要大得多，因此就觉得客户应该能够接受。于是，他们两个人约好时间见面谈一下。

亚克尔见到这个客户，给他讲了这块地的情况，对他说："这块土地的位置很好，交通也很方便，价格也很合适，比周围的土地便宜了很多。”客户问为什么呢。亚克尔自认为了解这个客户的底牌，于是就实话实说，亮出了便宜的底线，“便宜是因为这块土地周围有一个加工厂，电锯的干扰比较大，很多人不愿意接受。不过，据我调查，你家附近也有很大的噪声，而且这噪声比你家的小多了，相信你应该能够接受。”本来对方还觉得噪声是可以接受的，而且价格确实可以便宜不少，可是一听亚克尔说很多人都不愿意买，他就立刻拒绝了，说：“正是因为我常年饱受噪声的干扰，才想要购买一块没有噪声的土地，我想清静一下。”

面对客户的拒绝，亚克尔立刻说：“哦，先生，噪声没有您想象中的那么大，您可以去感受一下。”但是，这位客户断然拒绝了：“不好意思，我是不会考虑的！”你看，客户本来还有购买的欲望，正是因为亚克尔实话实说，过早地亮出了自己和客户的底牌，才把这个准客户赶跑了。

杰克给我讲了一件他亲身经历的事情。他打算卖掉他的那辆车子，他已经很久没开过了，他心中想着，要是能够卖1万美元就谢天谢地了。他的邻居的朋友刚好想买这辆车子，由于上次杰克的邻居问过杰克这辆车的价格，当时杰克透露他想12000美元卖掉这辆车子。不过，据邻居说他有位朋友打算花15000美元买一辆车子，希望他们能够谈一个合适的价格。后来，杰克的这辆车经过评估，发现最多值10000美元。可是，他的邻居已经把杰克的底牌告诉了朋友，也把朋友的底牌告诉了杰克。

在一个阳光明媚的星期天，杰克与那个准客户进行了以下的交谈：“我不舍得卖掉这辆车，它陪伴我了整整5年，就像一位亲人那样照顾我，为我遮风挡雨。”客户说：“确实是有一定的感情。”杰克接着说：“不过，希望你能够爱惜它，给它关照，我想找一个爱惜它的人。请问，你愿意出多少钱？”由于那位朋友知道杰克的底牌，他说：“我会好好爱惜这辆车子的，不过，它看起来很旧了，我需要对它进行一番修缮，估计要花费不少，我最高只能出8000美元。”“什么，8000美元，这可不行。你要知道，我真不舍得卖掉它，至少得2万美元。”客户因为知道杰克的底牌，告诉杰克说：“2万美元太高了，我只能接受1万美元。”

杰克也知道对方的底牌，于是告诉对方说：“太少了，这样吧，看在你会诚心诚意对待它的份上，最低价15000美元，否则就别谈了。”说完，杰克就要走。

客户知道自己能够接受的最大底线是15000美元，可是他更知道杰克的底牌是12000美元，要是不给出价格，眼看就要失败了，于是他说：“什么，你不是说最低12000美元就卖吗？我最高就是这个价格了。否则，就不谈了。”客户也要拂袖而去。

当然，杰克最后还是恋恋不舍地把车卖给了他，因为这已经高出了他的心理价格了，对方也很高兴，他觉得他已经把价格降到了最低。

在销售中，客户知道的愈少，成交的可能性就会越大。在了解客户底牌的同时，也要保守这个秘密，不到非要亮出的时候最好不要亮出，给对方面子，就是给自己机会。除非谈判陷入死胡同，否则不要轻易亮出对方的底牌。

引入第三方

在谈判中，一般不会遇到真正的死胡同，你所认为的死胡同只不过是僵局或者困境罢了。不过，一旦僵局或者困境恶化，谈判就无法取得任何进展，你们双方都会感到灰心丧气，哪怕继续谈下去也是毫无意义的，于是谈判就会进入死胡同。这时候，打破死胡同的唯一办法就是引入第三方，第三方能够起到调节或者仲裁的作用。其实，调节和仲裁还是有一定的区别的，谈判双方往往都会尊重仲裁者的意见，听从他的裁决。特别是那些与公共福利相关的行业工会，比如当公共卫生行业或者运输行业举行罢工时，联邦政府就会坚决要求双方引进第三者——仲裁机构，然后双方按照第三者的方案解决问题。可是，调解人没有做决定的权力，他只是起到催化剂的作用。通常情况下，只是帮助谈判双方找到一个双方都认为比较合理的解决方案而已。

谈判高手知道引入第三方的重要性。大多数情况下，第三方的谈判经验丰富，他们给出的建议往往是解决问题的真正有效的途径，只有那些缺乏经验的谈判人员不愿意引入第三方，他们认为这样做是没有本事的表现，他们会想：我可不想向我的销售经理求助，我那样做只会使他觉得我根本就不会谈判。

在谈判中，要想让第三方真正起到调解的作用，那么第三方的态度必须是中立的。有时候，为了让你的对手认可你请来的第三方，你需要多花费一些心思。一个最简单的比喻，你请来的第三方是你的销售经理，你认为你的对手会怎么看？他会觉得你的经理是中立的吗？肯定不会这样认为。如果你要想第三方真正发挥出调解人的作用，你的经理一开始就必须给你的对手一种中立的感觉，你要是想做到这一点，你的经理必须在一开始的时候就给对方一定的好处，在谈判开始时，你的经理就要做出一些让步。现在你的经理哪怕已经知道了事情的整个经过，他还是需要问你们：“我不知道你们到底发生了什么事情，可以给我叙述一下事情的来龙去脉吗？”这里经理的措辞很重要，他一定要表明自己的立场。你的这位经理给人的感觉是公正的，不偏不倚，绝对中立的一个个体。在整个谈话过程中，他必须注意避免使用我们这个词。

当他听完你们的立场之后，他可以这样告诉你：“你先看看你自己的做法，你觉得这样公平吗？你应该先考虑一下客户的建议，你能接受45天的账期吗？”听到这里，可不要对你的经理有什么不满，他只是尽自己的努力使客户认为他是一个中立者而已。其实，他还是为你着想，他这样做的目的就是为了调节你们的关系，使你们的谈判能够起死回生。

经验丰富的谈判高手喜欢运用僵局、困境、死胡同这种方式向对方施加压力，但是你要注意，不要为了逃避这些僵局或者死胡同而做出出格的事情，甚至不惜任何代价，这是非常危险和错误的谈判方式。有时候，不要过于偏执，只有学会放弃，你才能成为一名真正的谈判高手。

09

丨第九章丨

“拒绝”有分寸

拒绝是为了更好地谈下去

谈判中，不仅需要让步，也需要拒绝。如果说没有让步就没有谈判，那么没有拒绝不仅没有让步，同时也没有了谈判。让步是有条件的，没有人会无缘无故地做出让步，一旦一方想拒绝对方的更多要求时，也就意味着他需要做出一些让步。比如在一次交易中，甲方的报价是500万元，乙方的报价是300万元。当甲方想拒绝乙方300万元的报价，那么甲方就会让步到450万元，所以说拒绝是为了更好地使谈判进行下去。

当你拒绝别人，不是因为谈判破裂或者失败，你的这种拒绝只是一种否定，说明你否定了对方提出来的进一步要求。谈判中的拒绝往往是单一的、有针对性的。所以当你在谈判中，拒绝了对方的某些要求，却给对方在其他方面留下了讨价还价的可能性。

我们继续来分析一下上面的例子。假如甲乙双方继续讨价还价下去，在第二轮的让步中，甲方让步到400万元，乙方让步到350万元，在第三轮的让步中，甲方让步到390万元，乙方让步到360万元，这样双方就形成了僵局。在价格上，双方拒绝再做任何的让步。这时候，甲方的报价390万元是对乙方360万元的一种拒绝，也是一种承诺，可以在390万元这个价格上成交。可是乙方的360万元也包含这样的意思——假如为了打破僵局，乙方可以使用附加条件进行让步，如果甲方能够提前交货15天，乙方可以考虑把价格提高10万元，甲方对乙方的提议感到满意，不过甲方认为，如果乙方的价格在380万元的话，他们可以满足乙方提前15天的交货要求。最后，甲乙双方达成了一个协议——价格380万元，提前15天交货，谈判实现了双赢。由此可以发现，拒绝并不是为了使谈判失败，而是为了更好地谈判。

说起谈判中的拒绝，即是一种技巧，又是一种艺术。在拒绝对方的时候，态度不能生硬，不能板起脸孔做说教状，要选择恰当的方式，恰当的语言，在适当的时候拒绝。拒绝的时候要看对方的反应，要给对方留有一定的余地。

如何拒绝对方，才能让对方觉得舒服呢?

首先当你开口说拒绝的时候，千万不能说抱歉。因为你拒绝他，并不是因为你欠他什么，你是从你的自身出发，你无法满足他提出的要求，所以你在开口说出拒绝的时候一定不要说抱歉。

其次当你在表达意见或感受的时候，一定要真诚。同样的说出一个“不”字，效果却不一样。你通过什么样的方式传递给对方，效果是不一样的。你们双方沟通的时候，通常有一个漏斗原则，就是说你心中所想的是100%，但是你说出来的可能只是80%，那么到了对方那里，他听到的最多是60%，能够听懂得也就只有40%，到后来付诸于行动的也只剩下20%了。所以我们心中所想和对方最后能够按照我们的想法去行动的差别很大，要想避免这些差异，就需要我们不但把这个“不”说好，还要把“不”的内容传递好。

如何把拒绝传递给对方，要注意以下几个方面，否则就有可能造成传递信息不利或者失败。

1. 缺乏自信

在拒绝对方的时候，有时候可能会因为我们的知识不够全面，掌握的信息量不是那么充足，谈判方案不是那么完美，这就造成了我们的不自信。由于缺乏自信，我们不敢去说这个代表拒绝的“不”字。

2. 条理不清晰或者重点强调不足

当说“不”的时候，还要把拒绝的原因告诉对方，要让他们知道，你为什么会拒绝他们。一旦你的条理不清晰，甚至连拒绝的原因都说不清楚，那么会给你们的谈判带来很大的障碍。

3. 没有好好听对方说话，有偏见

在谈判中，一旦你对对方有了偏见，就不会好好听对方讲话，不能及时去了解对方的真正想法和内心需求，很容易就会造成判断失误。这样，你拒绝的内容有可能不是对方想要表达的内容，就给对方留下一个不负责任的坏印象，甚至会影响你们的谈判结果。

4. 情绪化

你的情绪会影响到对方，积极主动或者消极被动地传达你的拒绝，很大程度上取决于你的情绪。在拒绝对方之前，要留有足够的时间让自己思考、判断拒绝的条件和时机是不是已经成熟了。这些你要考虑清楚，只有你理清了思路，把所有的问题都解决了之后才会传达好你的拒绝。不要因为拒绝而对整个谈判失去信心，拒绝不是我们的最终目的，这是向对方表达你的原则，你不打算在某个地方做出让步，你拒绝的原因对你们双方都有好处，你的拒绝是为了实现最终的双赢。

艾克丽曾参与过这样的一个谈判，谈判刚开始的时候，一切都比较顺利。可是到了最后，双方争论的焦点集中在价格上，对方希望艾克丽这边作出一定的让步，而艾克丽这方坚持这个价格就是他们的底线，绝对不能再降价了。这样的坚持使得谈判陷入了僵局，在这紧要关头，艾克丽所代表的一方拒绝了对方的要求，并告诉对方，他们是真的无法再让价了，如果对方坚持要他们降价，他们也只好暂停谈判。艾克丽他们明确地拒绝了对方之后，就撤离了谈判现场。

第二天，艾克丽他们收到了对方经理的电话，对方经理希望还是能够合作的，并约定继续谈判。

于是，第三天，他们使用了附加的价格协议进行谈判，就是说如果艾克丽这边不降价，但是他们要提前完成任务，把交货日期提前20天。艾克丽方考虑到这个要求在自己的预算范围内，于是答应下来，谈判圆满结束。你看，在谈判中，艾克丽一方就是通过了拒绝的方式，才获得了最大的谈判利益，而对方要求的提前工期，对他们并没有什么影响。对方呢，因为提前20天交货，就意味着提前20天上市预售，使资金能够周转开。

在谈判中，当你想要得到的时候，一定要先学会拒绝，尤其是当对方给你压力，给你附加条件的时候。拒绝的目的并不是拒绝谈判，而是为了让对方去掉那些附加条件。拒绝的时候，你不要担心因为你的拒绝会失去合作的机会。就像买东西一样，要是无论你怎么说对方都答应，那么你反而会觉得亏，当对方拒绝你的时候，他说不行就是真的不行，这样你才产生购买的欲望。拒绝的目的是为了更好地交谈下去，最终达到双赢的局面。

施加压力：随时准备离开

在谈判中，如果碰到一个出价比较凶狠的谈判对手，而且他又不愿意暂时妥协，遇到这种情况的时候，你通常会怎么做？一般情况下，我们会运用上级领导策略，你可以这样说：“对于这件事，我做不了主，我要找领导商量，等商量之后才可以给你一个明确的答复。”事实上，你根本就没打算把这件事告诉你的领导，这只是你的一种策略而已。

那么，你是如何赢得这场谈判的呢？你可以给对方施加压力，随时准备离开。你的离开不是目的，只是一种手段，这样做是为了让对方知道，如果得不到你想要的方案，你宁可终止谈判，选择转身离开。这个办法确实很好，实际上，这样做可以使你的谈判效率至少提高10倍。

在谈判桌上，需要的不仅仅是经验和技巧，还要有一定的勇气。坚持下去不一定都是胜利，有时候只会使你陷入被动的局面，当你感到很难接受对方提出的条件的时候，千万不要犹豫，也不要磨磨唧唧，记住，一定要立刻停止。每个谈判高手都知道适合的时候要放弃。你知道吗？选择随时离开是最有力的一种谈判施压方式。不过如果离开的时机控制不好的话，你就很有可能会错过离开谈判桌的最佳时间。

“我今天来，就是为了办成这件事情的，我希望办好，可是如果他不同意，我也只好按照他的价格了。无论怎么样，我都要完成。”

“我已经失业很久了，我必须接受这份工作，他们给我一个合适的条件当然好。不过，如何他们不愿意给，我也一定要得到这份工作。”

“我很需要买一辆车子，所以无论如何，我都要努力谈成一个合适的价格，哪怕对方不打算让步，我也要买下来。”

当你告诉自己——一定要将谈判进行到底的时候，你已经错过了离开的最佳时机。这个世界上本来就没有需要付出一切代价的谈判，更何况只是一辆汽车、一套房子或者一份工作呢。假如你想着“无论如何，我都要得到这件东西”。那么，我敢保证，在你有这样想法的同时就已经输掉了谈判。

谈判高手懂得如何运用“随时准备离开”的策略。事实上，当你敢于离开之前，你就已经激起对方的成交欲望。请记住，你选择离开的目的不是为了真的离开，只是一种你的手段，你的最终目的是得到你想要的东西。

那么，谈判中什么时候离开是最适合的呢？在谈判中，如果对方已经处于劣势，但是他又咄咄逼人，不愿意让步，你得不到自己想要的东西时，就不要太勉强，给对手最大的压力就是离开，终止这次谈判。你这样做等于是告诉对方“如果你不能给出我想要的东西，那我只好离开谈判桌”。记住，这是离开谈判桌的最佳时机，一定不要错过。不过，要是能够不离开就获得解决的办法，那就不要先走，更不能失去信心。

我的一个学员给我讲了这样的一件事，这是他的亲身经历。直到听了我的培训课以后，他才明白这个道理。

他说：有一天，我与儿子一起去商场。儿子对一辆玩具汽车产生了很大的兴趣，不但试着开了几圈，还表现得很开心，感觉棒极了！那辆车不但好看，开起来也很舒服。自然，销售员也看到了儿子的表现，所以当儿子希望能够买下这辆玩具车的时候，销售员的报价是500美元，这不是一个低报价。因为儿子仅仅只有10岁，经受不住这辆车的诱惑，可是销售员不愿意降价给我们。这是一场很艰难的谈判，因为销售员知道我儿子喜欢这辆车。

我拉着儿子到一边问：“吉姆，不买这辆车可以吗？你今天打算一定要带回家吗？”

儿子说："对，我今天一定要带走它，天知道我是多么喜欢它！"我对儿子说："你要是非要不可的话，咱们就得按原价给他钱，这样会多花不少钱。不过，假若你表现的对那个玩具不那么在乎，我敢打包票，咱们可以少付很多钱，省下的钱足够你买别的喜欢的玩具。不过，这样做的话也有可能今天什么也没买到，你自己选择吧！"儿子比较懂事，在接下来的谈判上，我们走了几次，结果是我只花了260美元就买下了这辆玩具车，我们足足省下了240美元。

如果你向领导这样保证"领导，请放心，无论如何我一定要坚持到底，争取取得谈判的最后胜利"。你的领导往往不会派你去谈判，因为你只知道得到，却不明白恰到好处的放弃才是谈判的最高境界。最后你可能什么也保证不了。但是在谈判桌上，你一旦让对方相信你随时可以离开，当你采取退出谈判的时候，谈判就有可能会获得成功，扭转整个谈判的局势，使谈判顺利进行并达成协议。

不过要是进行一些比较重要的谈判，你们必须要拿到这个订单的时候，你在使用随时准备离开技巧的同时，也要使用黑白脸策略，千万不要你自己一个人单纯离开，否则，当你离开的时候，对方没有挽留，等你再回来的时候，局面对你就不是那么有利了。你可以自己给自己使用黑白脸策略："我刚才有点冲动了，不过，如果你能在优惠一些，我想我们还是可以继续谈谈的。"要想离开谈判桌，你要增加自己的选择范围。在谈判中，有实力的一方会有更多的选择余地。当你进行房产谈判之前，你可以多准备几套方案，多看看那些你喜欢的房子，然后做个比较，这样在与对方讨价还价的时候，你就有了一定的底气了。因为选择的机会多了，你心里面就不会只盯着一件事了，给自己尽可能多的选择，赢得谈判的几率就会增加。商场如战场，谈判虽不是血雨腥风，但也是智慧的较量，有时不懂得放弃，其实很难获得理想的结果。再者，一旦错过了最佳时机，你就输掉了谈判。

如果你想购买一套住房，那么你可以选择条件类似的几处房产，这样在谈判的时候，你一定会占上风。

现在我们来看看，我遇到的一位房产销售商吧。当我想买一套住所的时候，我想找一家合适的房产，于是我给其中一家店的销售打了电话。这是一位经验丰富的房产销售员，他告诉我说：“你可以先来我们店看看，我们见面再详细地谈论一下你的要求。”很显然，他熟悉谈判技巧，他知道把我争取到他的势力范围，所以我去了他服务的那家店铺。当我们见面的时候，这位经验丰富的销售员，抓住了我现在着急想买房住下来的心理特点，给我很多这方面的建议。我和他约好一起去看一处房产，他知道我会喜欢那套房子的。但是，当他给我报出一个价格的时候，我觉得还是高了。于是，在接下来的谈判中，我离开了几次，最终我们达成了协议。我觉得好极了，因为我给对方的感觉是随时可以离开，所以他给我的价格都不是特别离谱。通过随时准备离开的谈判技巧，最终以我心理的价位购买了这套房子。

要么接受，要么放弃

上一节我们说了“随时准备离开”是谈判的一个技巧，在应用这个技巧的时候，要记得当你告诉对方你要停止谈判时，声音一定要温柔，语气要平和。你的目的只是为了让对方感觉你随时可以终止谈判，如果你语气很强硬，说话不够婉转，态度不是很好的话，你可能会使对方感到非常难过，所以一定要谨慎行事。不要说一些让人感到不愉快的话，比如你要是说“我的条件就是这样，你要么接受，要么放弃”。你这样说也许并没有恶意，但是听到对方的耳朵里就很不舒服，给他们一个不好的印象。哪怕他们本来就想让步，也会感到非常刺耳。在这样的情况下，我建议你使用一些更加婉转的表达方式，比如你这样说：“很抱歉，如果你一直这样坚持的话，我恐怕只能停止谈判了。”“不好意思，一般情况下，我们公布的价格是不能改变的。”

“要么接受，要么放弃”还有个别名叫鲍尔瓦主义，来源于勒姆·鲍尔瓦。

勒姆·鲍尔瓦是20世纪五六十年代通用电气公司的劳动关系主管，在每一次的谈判中，他都会提出一个比较公平的方案，他的这个方案无论是对公司还是工会，以及股东们来说，都是比较公平的。他在谈判中一直坚持这个方案不变，这个谈判技巧让工会很不高兴，因为这样参与谈判的工会专家就没有任何表现自己的机会了，他们没有机会为自己的成员争取到一定的利益。显然，勒姆·鲍尔瓦也很清楚这一点，因为工会一旦接受了他的第一次报价，就对工会有所影响，使得人们怀疑工会的作用。1964年，美国全国劳动关系委员会发现通用电气公司在做生意的时候，存在一定的欺诈行为。1969年，勒姆·鲍尔瓦的这种做法还引发了13家工会的联合大罢工。

在谈判的时候，要想保持态度坚决，同时又不打算冒犯对方，最好的策略就是使用最高权威策略，谨慎巧妙地传达你的立场。试想一下，当你告诉对方“我也想与你继续交谈下去，可是我做不了主，总部命令我必须立刻停止”。假如你这样说，没有人会怪罪你的。

曼哈顿的一位朋友经营着一家酒店，酒店的各方面都比较如意，唯一的问题是——他的朋友们经常来他的酒店吃饭，而且又不愿意付钱。偶尔倒是无所谓了，问题是他的那些朋友们经常来，有时候还拖家带口，甚至宴请客户。为此他很苦恼。当他参加了我的培训之后，豁然开朗，立刻给自己的酒店制订了一份能够保本的收费标准，并且说了绝对不会免费，哪怕是自己也要遵守。于是当他的那些朋友再来的时候，他的这条绝不能免费的信息，就传达出去了。这就是“要么接受，要么放弃”的策略。

当有人对你使用“要么接受，要么放弃”策略的时候，你应该如何与对方温和地周旋应付呢？下面有三种方法可以供你选择：

1. 你也运用“要么接受，要么放弃”的策略

你可以告诉对方，你是代表你的上司来参加谈判的，所做的一切都是按照上司的要求来进行的，其中的决定权在你的上司手中，而不是你。如果参与谈判的对方不肯让步，你也只能放弃继续谈判。有时候你也可以离开谈判桌，然后等着对方把你叫回去，这个时候你已经赢得了这次谈判。在使用这个策略之前，你要想清楚，如果谈判陷入僵局，或者是最后失败的时候，对方将要付出的代价。如果对方仅仅是一个店员的话，那么他就不会关心结果，你买还是不买都与他没有多大关系。在参与谈判之前，你要了解对方在谈判中所处的地位，这次谈判成功会带给他什么，或者是失败的话他的损失如何。如果他们没有任何的损失，你的这个方法可能对他们无用，也达不到任何效果。

2. 爬到他脑袋上去

遇到有人对你使用这一策略时，你也可以采用比较温和的做法。你可以这样问对方：“既然你决定不了，那么你能告诉我谁有这个权力可以为我破例一次吗？”你也可以直接强硬地告诉对方：“你可以去问一下你的上司，看他是否同意这件事，现在也只有你才能帮我做

这件事了。”

3. 使用委婉地说辞改变对方

谈判中，如果你能用一种既保留了对方的面子，又可以改变对方原则的方式打破僵局的话，那是最理想了。这是一种最好的应对方式，尤其是当你的谈判对手也有这个想法的时候，比如，当你的谈判对手是小企业的老板，或者是那些可以拿到提成的人，你的这种做法是最有效果的。你可以这样说：“我理解你的坚持，我也知道你为什么要这样做，假如我可以给你一份奖金的话，你就会为我破例，对吗？”你也可以这样说：“我想问你一个问题，你认为我应该如何做才能改变你的决定，哪怕仅仅改变一点点也是可以的。”

要给对方面子

谈判高手知道人际关系在谈判中的重要性。只有在双方互相取得信任之后，才有可能发展成为长期的事业合作伙伴，这就需要我们学习并认真研究人际交往中的一些小窍门。

在双方刚刚认识的时候，最好和每个人都打招呼。在对方没有说完之前，不要打断对方的谈话，认真听对方说话，并不时地点头和微笑。为了加强和谈判对方的感情沟通，可以谈论下对方的家乡、工作或者健康等问题，记住不要谈论宗教和政治问题。在谈判中，无论成功与否，都要给对方留有足够的面子。

试想一下，你有没有这样的经历？当朋友找你借钱的时候，他向你借一万元，你可能会找理由拒绝，你可能会说要是借1000元还是有的。于是你立刻把钱掏出来给他。

再试想一下，要是朋友向你借100元，你会这么直接干脆地给他吗？大部分人的答案是否定的，这是为什么呢？

其实，在心理学中，这就是留面子效应。也就是说，当我们在拒绝别人大的要求的时候，往往会因为自己没有帮上他的忙，辜负了他的美好的愿望，而感到内疚，为了恢复自己在别人心目中的地位，就会接受对方的第二个小一点的要求。

要是你懂得巧妙地利用这一点，在别人提出要求之前，先说一个他不可能答应你的要求，等遭到拒绝的时候，再提出一个真正的小要求，对方就会非常爽快地答应你。

由于谈判双方都想获得最大的利益，尽管我们一直在避免谈判陷入僵局而使谈判失败，但是有时候利益的冲突还是难以避免的。这个时候，只有采取有效措施才能够解决问题，使谈判顺利完成。

这天，位于加州的一家连锁酒店迎来了一个客户，在这位客户办理入住手续的时候，他向服务员提出了房间打7折的要求，因为按照酒店规定，只要客户在这家酒店住满6次就可以享受7折优惠。而这位客户声明自己曾经多次入住这家酒店，于是服务员马上打开电脑进行核对，结果没有找到这位客户的资料。服务员是个新手，她不懂得给客户留有面子，当场公布结果，惹恼了这位客户，他当时就开始叫喊，辱骂起服务员。这个时候，恰好是入住登记的高峰时期，由于这位客户的恼怒，使得很多不明白的客户都纷纷议论起来。

眼看事情变得复杂起来，酒店前厅的经理闻讯赶来，他先是给客人道歉，然后把这位客户带到休息厅，给客户端来一杯水，诚恳地再次向他道歉，说服务员不应该当众公布调查结果。然后主动询问客户想要解决的办法，并说他理解客户提出的7折优惠的要求，但是也要根据酒店的规定，希望这位客户能够理解和支持他的工作，面对经理的真诚，这位客户心情好转，他说他只是想得到一些优惠。最后他们谈成了8折的优惠。

这位客户的做法其实也很明显，他就是想得到一定的优惠。按说可以了解，但是由于服务员缺乏应变经验，在大厅广众之下公布了调查结果，没有给这个客户留面子，使他觉得颜面扫地，也难怪他生气。固然服务员的做法欠妥，可是这位客户还是有一定的过失。经理是个谈判高手，他懂得如何安抚情绪中的客户，在获悉客人的需求后，经理诚恳的态度最终迎来了谈判的胜利。

在谈判中，最好不要用否定的字眼，哪怕是因为对方的坚持使得谈判出现了僵局，也不要指责对方，要给对方留有足够的面子。你可以说出你的难处：在目前的情况下，我们最多只能做出这样的让步。假如你想做出一些妥协，你可以这样告诉对方："我认为，如果我们之前能够妥协地解决问题，那么这个问题就不会有太大的麻烦。"你这样做不但维护了你的立场，又暗示了你还有变通的可能。在这里，你要用"我或我们"少用"你或你们"。

长期从事房地产交易的桑娜告诉我，她的生意能否成功可以通过客户的电话得到一个大概。

大部分客人在看过她推荐的房产之后，一般会留下一句"要是合适的话，我会再和你电话联系的"。从客人在电话中的语气中，她可以明白客人的心意：要是他打算购买，他的语气一定会很亲密，要是他一开始就打算拒绝，他大多数时候会采用彬彬有礼的敬语。这是谈判高手桑娜告诉大家的谈判经验。

因此当你想要拒绝对方的时候，你可以说出一些敬语，使对方能够感觉出你的委婉拒绝，为谈判失败做好心理准备。在谈判中，如果想要拒绝对方，一定要委婉地拒绝，这样对方会愉快地接受，一旦你生硬地拒绝对方，一点也不给他留面子，对方就会产生不满的情绪，甚至敌视你。

你要给对方留有一定的面子，使对方明白你的拒绝是不得已，你也很抱歉，也感到非常遗憾。在买东西的时候，购买者常常会得到卖方的追问，要合理地拒绝对方，你可以这样说：“哦，谢谢你的推荐，但是我不知道我先生喜欢什么颜色。”或者这样说：“这是要送给我婆婆的，不知道她喜欢什么样子的，要是送给我的母亲，我选择我喜欢的就可以了。”

你看，你这样说不但拒绝了对方的纠缠，还给对方留足了面子。

在谈判中，遇到你必须拒绝的事情，可是你又不想伤害对方，你可以使用托词，“对不起，我实在是决定不了，我需要与我的家人商量一下。”“我必须先向我的领导汇报，然后在给你答复。”你这样的答复不但能摆脱你所处的窘境，又给对方留下面子，不伤害对方的感情。

最后通牒，推进谈判进程

最后通牒是指谈判双方因为一些问题陷入僵局，彼此之间纠缠不休。这个时候，在谈判中占有优势的那一方提出来最后的价格和最后的时间，对方的选择是要么接受，要么退出，这是打破谈判僵局的一种策略，非常有效果。它击破了对方的幻想，使对方的犹豫变为迅速决定，可以推进谈判进程。由于最后通牒是在最后的时刻以非常强硬的口气提出来的，谈判者在运用的时候一定要谨慎，谈判中实在没有办法的时候才会运用的一种策略，它需要一定的技巧和条件，因为运用不当就会导致谈判破裂。使用最后通牒的结果通常有两种——中断谈判或者谈判成功。一般情况下，成功的可能性比较大，这是因为参加谈判的双方都是有求而来的，谁也不想白白地浪费精力和时间，最后空手而归。

到底什么时候适合使用最后通牒呢？只有在下面这几种情况下，才可以使用最后通牒策略。

1. 谈判的一方处于主导地位，他的条件非常优越，对方只能选择与他合作。比如对方是唯一的供应商。

2. 谈判的一方已经无路可走了，别的条件都不适合，不得不试试最后通牒策略。

3. 参与谈判的一方已经将条件和要求降到最低了。

4. 当谈判双方经过拉锯线的谈判，时间已经非常久了，再也无法承担失去这笔交易所造成的损失的时候，必须达成协议不可。

谈判中最后通牒的做法是一种强有力的施压方式，但是在施压的过程中，你也要把握好力度，有一个最大的特点就是你要及时实施你的策略。比如当你告诉销售员说，这件衣服就150元，你要是卖我立刻就结账，不愿意卖我立刻就走。如果销售员不卖的话，你还犹豫着不走，你已经失去了你的谈判筹码。

在运用最后通牒的时候，要注意以下几点：

1. 最后通牒不是威胁

实施最后通牒的时候，要有足够多的理由，可以使对方相信你，不要令对方产生敌意。实施最后通牒的目的只是为了让对方再次慎重考虑你们提出的条件和建议，而不是威胁对方接受你们的条件，这是自愿的。

2. 表达清楚最后通牒的条件或时限

在运用最后通牒的时候，谈判的一方要给另一方一个准确的条件或者时间限制。比如你打算买那件披肩，你告诉销售员：“这件披肩100元卖不卖？要是卖的话，我立刻就买，不卖的话就没有办法成交了。”或者“今天晚上9点钟之前，你要是还不答应我们提出的条件，那么我们也没有办法，只好按计划先回国了”。你要给出具体的条件或者时间限制，一般来说你给出的条件越具体，就等于你给对方施加的压力越大。

3. 配合你的行动，加强施压效果

在你实施最后通牒的时候，最好用你的行动来配合。比如你一边说一边收拾东西，装作要走人或者可以先回酒店结清账单。假如你说走的话，最好给对方出示你已经买好的机票、车票等。

4. 谁说最合适——最后通牒要由参与谈判的主谈人发出

一定要由主谈人说出最后通牒，因为主谈人代表的是权威。其他谈判人员发出的最后通牒，谈判的一方也许并不一定相信，压力就会相应地削弱。

5. 谈判时要尝试本策略，不尝试最好不要成交

在谈判中，必须用的一个策略就是“最后通牒策略”。只有运用了这个策略，对方依然不愿意让步，可以确定对方已经退到心理价位了，对方要是选择退步，说明他还留有余地。你在最后付款成交之前一定要运用走开的策略试试，你的离开会把对方最后的让步逼出来。你离开了他也不叫你，就说明已经没有让步的余地了，你还可以选择回去购买。

美国一家公司的商务代表汤姆去法国进行一场谈判。当时法国那边的人员开着车非常热情地到机场迎接他，然后把他安排在一家豪华

宾馆，汤姆觉得法国人的服务真是周到，给他一种宾至如归的感觉。等到一切安排好之后，法国一方装作看似无意地问：“您是不是还打算准时搭飞机回国，到时候我们还要安排您去机场呢。”汤姆当时没有多想，他诚恳地表示他的时间很紧，必须按时赶回去，并透漏出了回程的日期，方便让对方为他尽早安排。法国一方得知了汤姆只有10天的时间之后，特意安排人员陪着汤姆到处去游览法国的风景，在前6天的时间内一点也没有提到这次谈判的事情，直到第7天才安排进行谈判。

谈判开始了。最初的一天他们只是谈论了一些无关紧要的问题。在第8天开始的谈判中，也是如此，第9天仍然如此，可是到了第10天，正当他们谈到关键问题的时候，来接汤姆上机场的汽车来了，他们便提议可以在车上谈。汤姆进退两难，他心想要是不立刻做出决定，这一趟就白来了，可是要是接受法国的条件，确实是没有太多的利润，但是总比白跑一次的好。于是汤姆只好无奈地接受了法国方面的“最后通牒”。

你看，就是因为汤姆没有对自己的行程保密，使得法国在最后的一刻成功地利用期限赢得了这场谈判。

同样，美国的一家航空公司在与爱迪生电力公司谈判中，也成功地运用了这一策略。

美国一家航空公司在与爱迪生电力公司进行谈判的时候，要求电力公司给优惠电价，因为他们打算在纽约建立最大的航空站。

这是一场主动权在电力公司这边的谈判，因为是航空公司在求助于电力公司。当时电力公司把责任推给了公共服务委员会，说他们要是提供了优惠电价，公共服务委员会也不会批准。因为不打算降价，于是双方的谈判陷入了僵局。就在这时，航空公司突然改变了态度，他们发表声明说，要是爱迪生电力公司不给他们提供优惠电价，他们就打算自己建厂发电，撤出这一谈判。得知这个消息电力公司着急了，他们立刻派人到公共服务委员会那边说情，表示愿意给航空公司一个优惠的价格。电力公司明白，要是失去了为这家大型航空公司供电的机会，他们就会损失一大笔金钱。所以电力公司改变了自己以往的傲慢态度，表示愿意按照航空公司的方案成交。在这个案例中，航空公司之所以能够成为主动的那一方，就是因为他们巧妙地使用了最后通牒策略。

在谈判过程中，一方发出最后通碟，那么另一方就必须要考虑：是不是准备放弃这次谈判？要是放弃了，前面投入的巨大谈判成本怎么办？要是不放弃，会不会有利润？有多大利润？如果你的对手没有足够的勇气和丰富的谈判经验，那么一般情况下，他选择的就是做出让步来达到成交的目的。

参与谈判的每一方都可以运用最后通牒策略，这并不属于哪个人的特权。你可以运用这一手段来逼迫对方让步，对方也有可能运用这一策略来让你妥协。

当面对对手的最后通牒时，我们该如何处理呢？

首先、要确实是不是最后通牒，也许这只是对方的一个吓唬人的说法。遇到这种情况，你可以针锋相对、据理力争，绝对不要让步，必要的时候，你也可以做出退出谈判的决定。但是你也要给对方留有余地，给他个台阶下。你可以告诉对方，如果他们有新的想法的时候，随时可以开始再次谈判。

其次、如果对方是认真的给你下最后通牒，而且他们的表情是非常严肃的，这件事是他们真正的想法。那么你就应该认真权衡一下，看看当你做出让步的时候结果如何，要是拒绝让步的时候结果如何，比较两者之间的区别，再做出你的合理的决定。

最后、如果你不得不接受对方的最后通牒，必须向对方做出让步，你可以考虑其他的条件，看看能否在其他条款上找到弥补的好办法，给失去的条件进行补偿。

10

| 第十章 |

让步——何时让步有妙招

谈判就是慢慢妥协的过程

在谈判的过程中，谈判双方都需要做出一定程度的让步，否则就无法沟通。既然是谈判，就存有一定的让步空间，而妥协是谈判策略的一种。妥协指的就是谈判的双方能够做出理解和让步来达成一种协议的局面。妥协的目的就是为了避免谈判的僵局和失败。谈判的过程其实就是一个双方互相妥协的过程，在妥协中找到利益的交点。妥协不是软弱，它是推动谈判进行下去的动力。妥协贯穿谈判的整个过程，在任何时刻都有可能出现，较为活跃。

在谈判的初期，妥协就已经出现了，比如双方在地点的选择，时间的安排等问题上就需要双方交换意见。通常情况下是双方的负责人提出自己的要求，然后进行安排，如果双方不能妥协该阶段就无法通过，后来的日程就不存在了。

特别是谈判的后期，更需要妥协，因为前面已经做了那么多的计划，花费了大量的时间、金钱、精力，自然希望谈判能够成功。

由于妥协存在于谈判的每一个过程，所以在谈判中妥协可以从三个方面来进行。

1. 单方的妥协。单方妥协就是指谈判的一方做出妥协。

2. 对等的妥协。对等妥协是指谈判双方共同做出妥协，且妥协的幅度差不多。

3. 非对等妥协。非对等妥协是指参与谈判的双方都做出妥协，但是妥协的程度不一样，一方让步大，另一方让步小。

谈判就是谈判，哪怕工作之余你们的交谈是多么和谐，但是在谈判桌上就要针锋相对，你代表的是整个企业的利益，而不只是你个人的利益，你的一个不经意的妥协让步，都有可能使你的企业降低利润甚至亏损。如果你抱着无所谓的态度，我相信哪怕再优势的企业也会垮台。我参加过很多次谈判，遇到唇枪舌剑的机会不是很多，但是大部分的时间，双方都是在慢慢地妥协让步。在这个追求双赢的社会，谈判的目的更多地体现在追求共同的利益和合作上，少了一些火药味。

谈判过程中，最容易做的就是强硬。它不需要研究谈判对方的方案和建议，也不需要详细的准备工作，你只需要瞪眼睛、拍桌子、发脾气就可以了，这是最省心的。可惜这样的强硬是没有任何效果的，我们谈判的目的是为了双赢，是为了拿回协议。所以在我经历的谈判过程中，慢慢地找对策、磨时间、磨结果是最常见的。比如在一次交易中，你希望对方能够给你缩短结账的期限，为此你愿意做出一些妥协和让步。可是对方的让步却很不平等，他希望你能够自己来提货。你知道这次让步对你是很不公平的，你应该如何做呢？其实非常简单，在你愿意妥协的时候，你明确要求对方给你一个你所希望的回报，你在妥协的同时加上如果，假如对方不同意你的要求，那么你也可以放弃你的妥协。

1952年，为了引进菲利浦公司的先进技术，松下电器公司和菲利普公司进行了一次谈判。当时的荷兰菲利普公司拥有3000名研究人员和世界上最先进的设备，已经是世界著名的大公司了，而日本的松下电器呢？就是在日本也不是很出名。松下的创始人松下幸之助与菲利普公司进行了一次非常成功的谈判。松下幸之助克服很多困难，经过努力将菲利浦公司要求的技术援助费从销售额的7%压低到4.5%。接下来菲利浦公司要求松下公司一次性付清2亿日元的专利转让费，并且在草拟的合同上还规定，如果违反合同，或在执行合同时出现偏差的话，松下将要接受处罚、没收机器，这令松下幸之助伤透了脑筋。当时松下电器公司的资本总额不过5亿日元，菲利浦公司要求的2亿日元的转让费用几乎占松下电器公司全部资产的一半。假如答应了荷兰菲利普公司提出的条件签合同的话，松下电器公司就会承担极大的风险。如果不答应对方提出的条件，松下电器公司就会失去与之合作的机会。经过再三思考，松下幸之助认为，菲利浦公司在机械研发上实力十分雄厚，这一技术资源是2亿日元买不到的。一旦签约，松下电器公司就能够利用这一技术资源换取长期的需要和利益，尽管风险非常大，可是却值得冒险。经过调查，松下幸之助决定妥协，在合同上签字。事实证明，松下幸之助当时的妥协是非常值得的。如今松下电器公司已经成为世界上最赫赫有名的电器公司之一。假如当时松下公司不妥协，不答应菲利普公司提出的条件，也许就没有松下的崛起。在实际谈判过程中，谈判双方都要慢慢地妥协，任何一方坚持自己的原则，不愿意妥协，都将影响谈判的顺利进行。我们可以看到妥协不会损失自身的利益，还会在满足需求的同时获得更长久的利益，因为谈判的过程就是双方慢慢妥协的过程。

必要时可让步

在谈判中，我们都明白一个道理，不要轻易做出让步的决定。可是在必要的时候，可以根据当时的情况做出一定的让步，你可以把这个让步看成是谈判策略的一部分，是为了达到你的最终目的。在谈判开始之前，你就要知道你要让步的程度，你要根据你的底线和对方的底线，做出合理的让步。

比如你好不容易开发了一个重要的客户，对方虽然认可了你的产品，可是他始终不同意接受产品的价格，在无奈之下，你做出了一定的让步。不过，你有言在先，下次订货时要按标准价格执行，对方立刻答应了你的要求。可是等到他们再次要货的时候，他们不但不认可你的标准价格，甚至还说如果你不给他们一定的折扣，他们永远不再与你做生意了，会选择其他合作商。

所以你要记住，当对方要求你让步时，你一定要索要一些回报，否则绝对不要让步。一家超市开业，供应商蜂拥而至，我代表一家没有什么影响力的品牌与对方进行洽谈，谈判过程非常艰难，对方要求的条件非常苛刻，特别是他们要求的90天账期，实在让我难以接受。于是谈判进入僵局，随时都有可能破裂。在冷战期间，突然有一天，对方的采购经理打电话给我，说是为了吸引销售者，希望我能够提供一套现场制作的设备，我这样回答他："我会尽量与我的公司协调，在最短的时间给您答复，不过您能不能给我一个正常的账期呢？"当然，我赢得了这场对等的谈判。其实我正好有一套设备在库房闲置，但是我却没有给他一个正面的答复。最后超市因为现做现卖吸引了大量的销售者，他也获得了很大的利益，这是一次双赢的谈判，当然不能忽视了让步作用。

哪怕是在谈判陷入僵局的时候，你也不要轻易地做出让步。不要以为只要你做出让步，谈判就可以正常进行。当大家都在竞争着进行让步的时候，公司的利润从哪里得来？哪怕仅仅是百分之一的让利，也不要小看。假如对方的销售额是100万元，那么你这一次让步就等于让去了1万元，所以不要小看你的让步。再说，即使你做出了让步，对方也不一定就会满意，他们还希望你做出更大的让步呢。所以在对方提出要你降价的时候，你不要直接答应，你可以选择其他的让步方式。比如你可以接受他的3个月的账期，或者你承诺他们一定范围的退换货，帮助他们加大宣传力度等。

特别是在谈判初期，更不要为了达成交易快速让步。一般情况下首先让步的那一方容易处于被动局面，会给对方一个信息，这次谈判对你非常重要，你希望达成这次交易，而对方会趁机提出更多的谈判要求。

泰茨公司是一家电器供应商，他们公司生产的电机在国际上处于领先地位，而且型号齐全，售后服务完善。当泰茨公司打算进军波士顿的时候，发现波士顿市场已经被肯德公司占领了，这是另外一家电机生产公司。尽管泰茨公司做了很大努力，也没有能够占有一席之地。正在泰茨公司沮丧的时候，机会来了。伍德公司打算引进电机设备，于是，泰茨公司就派人与伍德公司取得了联系。在谈判中，为了能够进入波士顿市场，打破肯德公司的垄断地位，泰茨公司做了很大的让步，最终和对方达成了协议。可是，虽然进入到波士顿的市场，他们的价格比其他的地方低了很多，甚至没有提价的可能了。

你看由于泰茨公司在谈判中急于达成协议，一再让步，虽然进到波士顿市场，但是对自己公司却没有什么好处。其实泰茨公司完全可以凭借自己的产品性能和完善的售后服务与肯德公司竞争，可是他们却选择了快速让步，使自己的公司陷入了被动局面。他们可以做出让步，但是却不应该在价格上做出这么大的让步，甚至可以选择赠送伍德公司一些设备，也比单纯的降价好。

让步的时候要遵守以下原则：

1. 只在次要问题上做出让步

让步是为了达到自己的整体目标，是谈判过程中的一部分，所以可以在次要问题上进行一定的让步。这样的让步不会让你的损失过大，又可以促成谈判的胜利。你千万不要一开始就做出原则性的让步，这样的让步只会使你失去自己的目标，最后无法达成有利于自己的协议。

2. 在损失很小的时候做出让步

如果那些次要问题的让步也会导致你的损失很大，那么你一定也不要让步，不要简单用主要还是次要的标题来分析。有时候，次要的让步也会带给你无法承受的损失。

3. 每次让步要很小

如果你每次让步过大，对方会错误地估计你的底线，你会更难取得你想要的结果。比如，作为卖方，要是你大幅度的让步，对方会怀疑你的产品没有看起来那么好，如果你每一次只是做出很小的让步，对方会认为，你的价格已经是底线了，会更快达成协议。

4. 收回等值的条件

当你让步的时候，你也要收回对方等值的回报。这样你可以判断出你的让步在对方心目中的价值，了解到对方的一些底线和策略。有时候，看起来很小的让步，对方却很在意，这是有意义的让步，可是有时候你的让步对方根本就不在意，你就没有让步的必要了。不要让对方觉得你的让步是理所当然的，更不要使他们得寸进尺。在他们得到实惠的时候，你也要让他们知道，你也应该得到相应的好处。

让步时机很关键

谈判高手都知道，要想在谈判中取得胜利，让步时机是非常关键的。在适当的时候，正确的场合，做出合理的让步，能够使谈判的让步起到最大的作用。但是在谈判中，让步时机是很难把握的。大多数情况是你的对手在谈判一开始就会提出需要你让步，这就需要你通过观察和理解看看是否真的需要你让步，有时候只是对方的一种试探。当你觉得对方提出的条款可以接受时，你选择适当的让步，可是使谈判在最佳的时机完成。

你是一位汽车销售员，你的客户看过你的汽车之后对你说："我们最终选了三款汽车，都很喜欢，现在阻碍我们的就是价格因素了，我会选择你们之间报价最低的那一家。"听到这里，你的反应如何呢？假如你是一位经验丰富的销售员，你就会知道这只是客户的一种讨价方式，他希望你降价。不过如果你是一位新手，你听到这些话之后会大吃一惊，立刻选择把价格降到最低。然而你却发现，即使是你的最低价格，客户还不满意，他还要求你给个最低价。对方还有一种方式可以让你把价格降到最低，比如他会告诉你："我是个直接干脆的人，不喜欢讨价还价，只要你价格合理，我立刻就可以做出购买决定，你给个最低价格吧！"

当你面对供应商科恩的时候，他是这样告诉你的："我在每一次与客户洽谈的时候，都会直接告诉他们最低价，我不喜欢讨价还价，能接受就接受，不能接受就算了。这么多年来，我一直是这么做生意的，所以你只要告诉我，你能接受的最低价格就可以了。"假如你告诉他你的最低价了，那么你就失去了在谈判中的优势。他是一位非常善于讨价的商人，当他这样说话的时候，他就已经开始了讨价还价，他的目的就是想看看你的心理价格是多少。

你会想我先试试看，我先给他一个最低的报价，然后我在接着给他添加。当你这样想的时候，你已经没有退路了，接下来你会继续给他更高的报价，你的谈判空间在慢慢缩小。这样你是永远不可能与他达成协议的，因为他每次的要求刚一开始，你就已经给他一个大惊喜了，为什么会出现这样的情况呢？这是因为在一开始，你就给对方一种让步的信号。在开始时，你应该做一些有利于谈判的合理让步，然后你的让步要逐渐地缩小。比如当你一开始降低100元，第二次你只降低50元，然后逐步缩小到10元，你的这种让步实际上在告诉对方——你已经不能再让步了，这个价格已经接近你的底线了。

那么何时让步最合适呢？

一般来说对于主要的需要让步的地方可以放在谈判的初期，免得影响谈判的进度，但是越接近结尾就让步越小，这种小幅度的让步就是为了快速达成谈判。记住一点，如果不到万不得已的时候，不要轻易让步。你要是感觉到你再不让步的话这次谈判就夭折了，那么你可以做出一点点的让步，但是一定要记得索取相应的回报。你给了他优惠，他也要给你均等的让步。不过如果你发现你的小幅度让步可以获得较大收获的话，你要毫不犹豫地让步。

另外，个人的兴趣爱好以及成见也会影响让步。不遵守让步策略的让步，随意让步的结果就是促使对方的胃口越来越大，使你在谈判中处于被动地步。你的让步标准不明确，使对方的期望与你的让步意图错位，甚至对方会认为你的让步是含糊其辞的。所以在谈判中你所做的每一次让步都要让对方感觉到，从而获得相等的回报。在谈判中，谈判双方为了达到最后合作的协议，做一定的让步是很有必要的。但是要记住，让步必须慎重，合理的让步可以起到促成谈判的效果。

蚕食策略

蚕食策略是以小积大，步步紧逼，逐渐达到谈判预期效果的一种策略。

一个谈判高手清楚地知道——在谈判中，当双方的观点不能达成一致时，可以运用蚕食策略。哪怕是双方目标一致，达成了协议，也可以使用这种策略。你可以让对方做他刚开始不愿意做的事情，使你获得更大的利益。在我们日常生活当中，也会时常见到这种策略。

比如当你去服装店买衣服的时候，本来你的预算是花费200元买一件大衣，可是最后你却选择了三件400元的外套。因为他们店铺正在举办活动，一次买三件优惠力度很大，而且可以办理一张VIP卡。尽管你的这张VIP卡只是用了这一次，甚至过几个月你就把VIP卡丢到垃圾桶也不后悔，可是你有没有想过，你的这张VIP卡让你多买了另外两件大衣。

在你家要进行装修的时候，你的最高预算是8万元，当你带着这个目标找到装潢公司，虽然他们那里有适合你的8万元套餐，可是为什么最终你选择了9.5万元的那套装潢设计？因为9.5万元的套装看起来效果更加漂亮。这样的例子比比皆是，这就是蚕食策略，在我们的生活与工作中经常用到。运用蚕食策略的关键在于，在谈判进行了一个阶段以后，你可以逐步提出你的一些看起来微不足道的要求来达到自己的目的。特别是家里有小孩子，你就明白了，这些小孩子根本就是天生的谈判高手，他们懂得如何使用蚕食策略得到想要的东西。我的儿子在他4岁的时候，就已经把这一策略运用得娴熟无比。他经常喜欢使用电脑玩游戏，对于他的这一做法我会反对，因为他一玩起来就会控制不住自己，这绝对不是一个好现象，因为他的眼睛出了一点点小毛病。虽然控制电脑游戏，可是我不能拒绝他学习的欲望吧？他总是会这样告诉我：“我可以打开一下电脑吗？我需要学习一个新的知识。”我看了一下，确实需要。于是，电脑打开了，他也确实在学。不过在他快要结束的时候，他会这样告诉我：“你看，我现在学完了，能不能作为奖励给我玩一个小游戏？”往往我都会答应他的这个小要求。可是他玩完了这个之后会接着说：“既然这样，我再玩最后一个吧？”就这样，他达成了他的目的。

蚕食策略为什么能够成功呢？一些心理学家经过研究发现，人们在没有答应一件事情之前非常紧张，他们不确定，不知道自己在做什么，可以一旦下定了决心，就会信心百倍，勇往直前。赛马场上，人们不知道如何下注，事实上他们一直在犹豫，摇摆不停，可是一旦下注之后，他们就不会随意改变。

我本想买个看书用的照明灯，顺便把客厅里那个大灯也换了，当时我的预算是3000元。可是，那个销售灯具的人这样对我说：“有小孩子的家庭，用的灯具一定要环保、明亮、护眼。”在他的建议下，我买了一个比较贵的适合小孩的护眼灯。可是他接着告诉我说，要是你喜欢看书的话，肯定也需要护眼。确实如此，他抓住了我的心理。于是，我又买了适合我的护眼灯。就这样，在我一次又一次的让步中，我忘记了我本来只有3000元的预算，结果我花了5000元去买了这些灯。这种情况使我想到就像购买了彩票，在购买彩票之前，我非常犹豫，不知道是买还是不买，但一旦我确定了购买之后，无论如何，我都会持续下注，下一倍、下二倍、下三倍甚至下十倍等。这也是我们在购买商品的时候为什么一旦选定了一家店铺之后，大多数情况下都会超支的原因。

蚕食策略之所以成功就在于能够抓住人们的心理，往往一些微小的让步，就可以让对方让步，直到蚕食完毕。一个谈判高手在谈判一开始的时候，就会牢记千万不要在谈判刚刚开始的时候就提出自己的条件，等到大部分条件达成协议之后，对方的感觉非常好的情况下，他们的压力得到了释放，这时候他们会很容易接受你的微不足道的要求。直到你一步步地蚕食对方，得到自己想要的东西。

谈判的时候也是如此，如果你想成为一名谈判高手，你必须在谈判结束的时候再试一下蚕食策略。如果你是一名建筑商，你可能觉得自己很难说服客户在他的新酒店大厅铺上质量最好的地毯，为此你不得不放弃这个话题。当你们的谈判在其他的方面获得一致的时候，你不妨试着再开始这个话题：我们可以讨论一下大厅的地毯问题吗？这确实需要一大笔的开销，可是你想过没有，你铺上质量上乘的地毯可以提升你们酒店的形象，使你的顾客一踏进你的酒店很快就可以感受到这不一样的品质。这时候，你的客户很可能会告诉你！好吧，既然你这样认为，我们可以详细地谈谈。通过这种蚕食的方式，你获得了你想要的结果。

不过，你也要注意，当对方接受你的建议的时候，你也要小心对方蚕食你。在你刚刚谈成一大笔生意的时候，你通常会非常的激动与兴奋，当你迫不及待地要向你的上司报喜的时候，你的客户却突然告诉你说："你可以给我们90天的账期，是吗？因为别人都是这样做的。"由于你刚刚好不容易才谈成，你可不想失去这笔生意，所以你会同意对方的这种要求。当对手想要蚕食你的时候，你可以用以下的方式来应对。通过书面方式，你告诉你的客户，如果希望你做出任何的让步，都必须要按照你的标准付费。如果你的公司有什么附加条款，也一定会事先以书面的形式，把价格、型号、培训、安装说明等要求一一列举出来。无论如何，都不要立刻告诉对方你的决定。你还可以运用黑白脸策略。当你发现对方要蚕食你的时候，你可以运用温和的一面使对方碰个软钉子，记得要运用礼貌的魅力，你必须微笑着告诉对方："好了，好了，这个价格对你们来说，已经非常合适了，可别再给我要求账期了，好吗？"在谈判的过程中，千万要把事情说清楚，而且还要以书面的形式把这个结果写下来，确定好，这样可以避免很多意外的情况发生。你要想办法使对方认为，他已经赢得了这次谈判，这样他就不会对你提出更多的要求了。谈判高手不但会考虑到对方可能会提出的条件，甚至还会把握好时机。一旦消除了紧张感，对方感觉是他取到了最后的胜利，那么你就已经成功了。

巧用试探性语言

一场高效的谈判是很重要的，要想在谈判过程中游刃有余，掌握一些谈判方法是很有必要的。在谈判风起云涌之时，巧用试探性语言可以让你的谈判增色不少，有着点石成金的效果。

试探性语言是谈判的一种技巧。比如当你面对众多谈判对象想选择一家的时候，你可以采用试探性的语言来探探对方的虚实，确定谁才是你最佳的谈判对手。

在试探性语言中，投石问路的谈判技巧应用较为广泛。大多数情况下，善于运用投石问路的谈判技巧能够了解谈判者的立场和态度。

比如你想买2000台电脑，你首先找到了卖家甲，但是你并没有直接提出你的要求，你只是这样问他："如果我买一台电脑，每台电脑多少钱？"

卖家甲回答："3000元。"

你开始使用试探性语言技巧了，"假如我要购买1000台电脑呢？""假如我要购买3000台、10000台，价格又会怎么算呢？"

卖家甲的标价单下来以后，你就能够及时地从他的标价单上发现许多隐藏在其中的秘密，这些是你无法直接获取的资料。通过分析价格，你大致估算出了卖家甲的生产成本、设备费用的分摊情况、生产的能量及价格政策等等。这样你就可以得到购买2000台电脑所应出的最合适的价格，在接下来的谈判中你就有个心理价位了。

当你找到卖家乙，同样可以通过这样的方式获得一个最合适的价位。这样你在谈判中，就可以知道你应该出价的范围。在谈判中，有经验的谈判者正是运用这种方式获得更多的谈判信息的，他们通过价格与数量进行细致的对比，认真的分析，准确地做出判断，制定出最适合的谈判方案。比如：如果我们订货的数量加倍，或者减半，价格又是多少呢；"如果我们和你签订两年的合同，价格是多少呢；如果我们增加或者减少保证金呢；假如我们要同时购买好几种产品，不只购买这一种，你给我们的报价会是多少呢——当你不断投出这些"石头"给对方的时候，他的神经会高度紧张，心理很矛盾，他们不知道如何回答你的问话，一时之间，他们不能明白你内心的真实想法。你这样问有点像打听行情，又有点像在谈交易条件。如果他如实回答你，又怕你万一是来打探他们底线的，不回答你又害怕你真是一个大客户，错失了一大笔好生意，那就得不偿失了。所以他们不知道如何回答，这时候很容易就会向你亮出底牌。

投石问路是一种试探对方深浅的方法，它在你和客户谈判中以借助提问的方式来摸索，了解对方的意图及某些实际情况。总之，投石问路的方法可以对产品质量、购买数量、付款方式、交货时间等，以提问方式来试探深浅。在谈判中，假如一方想利用自己的优势，他们就会表现出自己的热情好客，不但把你的生活安排周到，还会邀请你们旅游、吃饭，等到你感觉惬意的时候，他们会帮助你订购返程机票或者车票。这时你会不设防地把你的归期告诉对方，在不知不觉中对方已经掌握了你的底牌，你陷入了对方的圈套。这样在谈判中，由于对方掌握了你的底线，你往往会处于被动地位，受制于他人。

用事实进行试探也是语言试探的一种。事实探测就是你提出来一个有待于证实的事实，让对方回答是或者不是。松下电器公司的创始人松下先生就遇到过这样的事。他去东京找批发商谈判，打算推销他的产品，这可是他人生的第一次谈判。批发商和蔼可亲地对他说："我们是第一次打交道吧？我觉得以前我好像没有见过您。"批发商通过语言试探，想知道松下是新手还是老手。可是当时还没有谈判经验的松下幸之助先生如实地回答说："我是第一次来。"一句话就泄露了他的底细，最后在谈判中失去了优势。

除了语言试探还有一种常用的试探技巧，那就是假定探测，就是说你先放出一个"空气球"，再看看对方是如何回答你的。比如"我听说，近年来消费者写信投诉你们厂生产的这一种产品存在质量问题，不知反映最多的是这个产品哪方面的问题"。这只是一种假设性的提问，你先用了"听说"，表示这个问题不一定就是真的，接着又用了"近年来"这个时间比较模糊的词语。再说你这么笼统地谈质量问题，对方一般是比较难否认的。可他又不得不回答你的问题。最后你可以根据的他的回答，达到你的目的，探测产品质量的目的。

试探性语言还有很多，有的谈判者刻意通过秘讯、谣言、故意泄露等方法来探测和摸索对方的态度。事实上这种方式很好，哪怕是对方忽略或者拒绝，都不会失了面子或者使谈判受到任何影响。

使对方先行让步

谈判是在双方利益的基础上进行的，在这一过程中，谈判的每一方都渴望满足自己的需求，可是又不得不考虑对方的需要，谈判的条件不是固定不变的，因为只有互相让步谈判才会成功。由于谈判双方都有一个价格底线，谁都不愿意先让步，因为首先让步的那一方肯定要放弃一些自己的利益。

如何让对手先让步呢？

1. 拥有强大的气场

在谈判桌上，你精神抖擞、容光焕发、言谈举止落落大方，你强大的气场会击倒对方的心理防线。假如谈判中你一味谦虚退让，只会激起对方的鄙视，他们会认为你是无能的，你们的产品也是劣质的，这样的话对方就会表现得高高在上，可想而知，你只会节节败退。埃伦斯是一家出口公司的销售经理，一次，在他与日本客户村上的一次谈判中，他一开始就气场十足，慷慨激扬地陈述了公司的产品和销售状况，并强调这种产品在美国是非常畅销的。村上是个十分精明的商人，他被埃伦斯的一番话所打动，觉得埃伦斯是个具有吸引力的合作者，不由自主地想和埃伦斯合作。于是村上打算试试看，谈判很快进入了正式严肃的主题。但由于埃伦斯身上那种所散发的气场，使村上相信，埃伦斯的话是正确的，有必要合作。于是村上首先开始做出让步，最种达成了协议。

2. 抓住对方的弱点，步步为营

当因某一个条件没有达成协议的时候，谈判陷入了僵局，迟迟达不成协议。遇到这种情况，要想了解对方的缺点和底线，适宜采用步步为营的方法，给对方一定的利益，软硬兼施地迫使对方让步。梅克尔文化公司的老总与另外一家广告公司洽谈合作业务，可是对方却不紧不慢地，合同一拖再拖，签合同的日子是推了又推。梅克尔文化公司的老总忍无可忍，他透漏出另外还有一家广告公司也想与他们进行合作，然后开始玩起了失踪。梅克尔公司这种步步为营的做法，给正打算玩心理战术的广告公司一个提醒。于是他们提出适当的条件，要求开始签合同，以免夜长梦多。

3. 站在对方的立场看谈判

有些谈判人员只在乎自己的利益，漫天要价，却毫不理会对方的感受。他们想着只要给对方一点点的利益就可以了，把对方当作傻子，这样做的结果只会令对方更加反感。虽然有的谈判对手不表露出来，其实内心里面已经下了决心，绝对不能与这种人合作。你要想与对方合作顺利，最好在谈判中为对方着想，站在对方的立场看问题，你的关心会给自己带来谈判的胜利。李密斯在给一家公司担任项目经理，他研究的项目需要报价的时候，他只是开了一个很恰当的价位，并真诚地告诉对方，现在这个价格就可以了，等你们以后挣大钱的时候，再多给点吧。李密斯的这种做法获得了对方的好感，他们建立了长期的合作关系，哪怕是后来这家公司声名显赫，也一直在与李密斯合作。

无论你是买方还是卖方，都要牢记一条让步铁律“核心问题决不让步，枝节问题可以商谈”。没有准备的谈判是很难成功的，你要事先了解对方的情况，看看有没有办法去解决问题。要想进行长期的合作，就要采取双赢的合作模式，在谈判中仅仅考虑自己的利益，只会使谈判陷入僵局甚至破裂，最后自己也一无所获。谈判时可以适当地向对方施加压力。施加压力的时候要做到有分寸，事先准备多种替代的方案，对方是你的合作者而不少敌人，应该和谐相处。谈判要想实现双赢的谈判结果，假如对方的利益为零，你的利益为最大，那么你们就很难有第二次的合作机会。遇到僵局的时候，最先打破僵局的那一方一定要牺牲点自己的利益。

在谈判中，要想使对方让步一般采取攻心战，尽可能给对方留有一个公平和谐的谈判印象，不要得理不饶人，要给对方留足面子。

条件交换

在我们的生活中，常常遇到这样的情况——在困难时，你帮我度过难关，那么等我条件好转的时候，我一定会回报你的帮助。这在心理学上是一种互惠的心理策略，在谈判中也是如此。当你做出让步的时候，你可以要求对方给予你一定的条件交换。这样比你们双方互不相让的陷入僵局要好得多。

因此无论在谈判的任何时候，当对方要求你做出一定让步的时候，你一定要及时进行条件交换。只要你的条件交换策略运用的好，你就可以获得谈判的胜利。

比如你是五金产品的销售，你卖给一家五金商店一大批的商品，他们要求你可以在开业前的15天把货物送到。可他们的采购经理打电话告诉你说："我们打算提前开业，现在你们能否提前10天发货？"

你听到这个电话，心中一阵窃喜，因为他们的货物已经在仓库里面了，你肯定希望能够提前送出去，腾空仓库。你第一反映就想告诉对方："完全没问题，一切都OK！"但是我建议你不要这样做，最好的方式是使用互惠心理策略，你可以这样告诉对方："坦白地说，这有点困难，因为我们不知道会提前发货，我得和生产车间及调度人员商量一下，看看他们怎么说。不过，我想先问你一个问题，如果我们能够及时发货，你会给我们哪些回报呢？"

通常情况下，对方很容易就会提出一些对双方都有利的条件。

比如你是一家电脑供应商，你与客户进行了一场谈判。你的客户暗示你这批电脑预算太高，而你认为你的预算已经非常合理了，可是客户坚持要你做出一些让步，他会这样说："我们的预算与你的差的太多，这对我们公司来说，确实有一定的困难，但是我们也考虑到你们的成本了，我们在价格上也尽量做出调整，现在希望你在出价上给出一些优惠。"你再三犹豫，最后做出了让步100元的决定，你可以这样说"目前我们的价格已经是最低价格了，出于成本的考虑，这已经是我们的最低价了。不过，你能为我们做些什么呢？"

在一些谈判中，谈判者常常忽视了条件交换，你可以主动把你想要的条件提出来，这没有什么不好，很多情况下，都需要运用这一策略。琳达制造服装公司同艾丽莎服装公司签订了一项合同，供应5000件棉衣，他们双方约定的交货期为8月20日。可是，在8月3号那天，艾丽莎服装公司打来电话，要求提前到10号或者11号送货。由于在签订合同的时候，琳达制造服装公司预留了足够多的时间。实际上，在8月1日，艾丽莎公司订购的5000件棉衣已经全部入库了。

当艾丽莎公司的经理打来电话说："由于新店开张，需要大量的衣服做宣传，我想问下你们能否想办法提前生产出来这批服装呢？"

琳达制造的销售员听到这里，心中暗喜，因为他正想把这批货发出去呢，这样就可以早点腾出地方，最好明天就送走。可是他却表现的很是镇定，他说："坦白说，我也不清楚能够提前送货，这需要我同生产部的同事们商量一下，看看能否赶出来这批货。但是我想问一下，如果我们能够提前送货，你能为我做些什么呢？"

猜猜看，结果会怎样？艾丽莎服装公司的这位经理立刻回答了这样的条件："这样吧，你们要是10号能把这批货送过来的话，我们可以先付给你们50%的定金，剩下的货款，还按照合同，等到三个月之后再给你们。"听到这里，琳达公司的销售开心得差点跳起来。他说："那好吧，我马上就去商量，再给你答复。"你看，在琳达公司销售的巧妙的条件交换下，既不损坏自己的利益，又给公司索取了一定的回报。所以在做出让步的时候，一定要及时进行条件交换，让你的付出更有价值，同时又避免了对方的得寸进尺，有利于谈判的顺利进行。条件交换策略还可以成功地帮助你避免纠纷，假如对方知道你每一次的让步都会要求获得相应的条件交换的话，他们就不会无休止地要求你再三让步。我的许多学员曾在我面前抱怨："那看起来是一笔非常不错的生意，可是他们总是一再要求我做出让步，为了达成协议，我每次都同意了他们的要求。可现在看起来，我的让步已经没有多大的利益空间了。这笔生意对我来说，也没有多大的吸引力了。"

在谈判中，当我们想要从对方的身上获得好处，最佳的提出时机就是在自己做出让步的时候，甚至你提出超出条件的要求，对方都有可能接受。

玛丽是一家企业的管理人员，一次，他们公司派她去邀请一位知名的管理专家来公司讲课，这是公司内部高层临时做出的决定，时间比较紧急。接到这个任务之后，玛丽没有把握能够请得到这位名家，因为对方的演讲非常多，不一定能够在这个时候空出档期来。

等到玛丽找到这位名家，登门拜访的时候，向对方诚恳地说明了来意。对方先是面露难色，接着又试探性地问玛丽：“请问，你们公司的课程能否重新安排？”玛丽说：“这是公司董事会临时决定的时间，没办法再做更改了，如果您实在抽不出来时间，我们也只好去请别的讲师。但由于董事会对您慕名已久，特别交待我说，无论如何，除非万不得已，一定要把您请去。”那位专家一听，高兴地点头，当场让秘书打电话，联系时间排在一起的其他公司，看是否能够调整一下时间。

十分钟之后，那位专家告诉玛丽：“现在一下子联系不到同一期举办的那家公司的负责人，如果我答应你们按时去贵公司讲课，你今天能代表公司与我签订合同吗？至于另外一家公司，你不必担心，我会处理好，但是价格要是原来的两倍。”玛丽立刻就与这位专家签订了合约，她的任务完成了，可是费用却超出了预算。

这位专家成功地运用了互惠心理策略，先做出让步，然后再要求对方给予一定的回报，从而为自己争得了更多的利益。

事实上，当对方第一次提出让步的时候，他就应该进行条件交换了——如果我能够同意给你让步的话，那么，你能为我做些什么呢。你必须要按照我的这一策略，哪怕更改很少的几个字，效果也许会截然不同。本来应该是“如果我为你做了这些，你又可以为我们做些什么呢”。可是你却说成这样了“如果我们为你做了这些，你就必须要为我们做……”。你这样一更改，看起来相差不大，其实已经使你们的关系变成了一种对抗性的了，千万不要这样做。也许你认为，如果你告诉对方你想要什么，你就会得到什么，可实际上你这样做，已经让对方感觉到一种抵抗情绪，你一定要使对方提出建议，这样的话你才可以获得更多的条件交换。记得当对方要求你作出一些让步的时候，你一定要记得要求对方给予回报，并注意你的表达方式。你不需要提出任何具体的回报，所有的回报都交给对方，让他主动提出来，才是双赢的谈判。

运用分期付款

在进行价格让步的时候，一定不能让对方发现你的让步模式。试想一下，你走在路上，捡到100元，接下来又捡到100元，与你走在路上一次捡到200元，哪种结果你更喜欢？虽然同样是200元，可是一次捡到与两次捡到获得的快乐感受是不一样的。在进行价格让步的时候，也是同样的道理。如果你在谈判中，把价格一步让到位，对方不但不觉得开心、认可，甚至还会觉得你还有更大的让步空间。假如你把让步的次数分成若干次，让步的幅度越来越小的话，这样不但鼓励对方，还能迷惑对方。对方不了解你的底细，他认为你的让步已经到达底线了。

比如你要卖一辆二手车，刚开始你报出了一个价格2万元，其实你的心理价格是1.8万元。由此可以看出，你的谈判空间是2000元，可是这两千元的让步模式非常关键。

你打算如何让步呢？比如你打算每次让步500元，我们来想一下你的谈判对手会如何想。他不知道你到底会降到多少为止，但是你明白一点，只要你一开口让步，他就可以省下500元。所以，他所做的就是让你答应再次让步，第三次让步……假如是你打算购买一辆汽车，对方把价格降了500元，你继续努力之后，对方又降了500元，难道你不希望对方继续降价吗？所以说，你在让步的时候，不能一次性让到位，让步的幅度也不能太大。

你可以先让步500元，在对方表示反对，想继续谈判的时候，在随后的让步中，你一定要减少让步的幅度。你第二次的让步只能是400元，那么第三次就只能是300元，当你这样慢慢减少的时候，实际上，你是在给对方暗示，已经接近你所能让步的最大限度了。这样对方也就觉得他在一步步赢得这次谈判，你每一次的让步都会给对方一次惊喜，他知道你的让步空间越来越小，你的价格越来越接近底线。想想看，假如你一次性让步到位，一下子下降到1.8万元，这是你的心理价格，你已经没办法再降价了，可是对方觉得一次降价2000元，这个绝对不是最后的让步，你一定还可以继续让步。无论你如何告诉对方："这是我的底线，我不可能让步一分钱了。"你只会把对方吓跑，为什么呢？因为他觉得你第一次能够让步2000元，可是第二次一分钱都不让，为什么这么不会变通？这样对方会对你产生敌对的情绪。可是，如果你第一次让步500元，第二次让步400元，那么对方就会想你接下来的让步大概是300元，也可能是200元。等到你的让步变成了100元的时候，对方也许会告诉你："好了，就这样吧，看来你也实在是没有让步的空间了。"

如果你想试试这个办法好不好，你可以先拿你的孩子做个试验。当他要求想玩10个游戏的时候，你不妨这样告诉他："别说是10个游戏，就是1个游戏都不行。"你的孩子会央求你让他玩5个游戏，只要玩5个小游戏就可以了。可是你还是不答应。最后他便央求你说："就让我玩1个游戏吧！"可一旦等你答应了他玩1个游戏的时候，他又突然加大了条件，让我玩2个游戏行不行，我答应你，就玩2个，再也不会要求别的了。这时候，你往往会同意他的要求，而你的孩子会很高兴，甚至比你答应他要玩10个游戏都高兴，因为他知道，哪怕他现在玩的这2个游戏，争取过来都是很不容易的。

在谈判中，把你要做的让步分成几次，要让对方觉得每一次让步，你都是被逼迫的，无可奈何的，让他感到得来的不易。你每一次的让步都要显得不情不愿，这样一来，对方也会以自己的让步作为回报，从而获得双赢的局面。

11

第十一章

合作才能共赢

双赢谈判——为对方着想

谈判是一种为了达成协议或寻求解决问题的方法，目的就是为了使参与谈判的双方达到利益的平衡点，通过合作达到双赢的一个过程。所以，在谈判中多为对方着想，也是实现双赢谈判的一个因素。为对方着想，就是指谈判双方要站在对方的立场上，从对方的角度看问题。站在对方的立场，设身处地地思考问题，可以充分体现出谈判者的诚意。

在谈判桌上，由于谈判双方的利益是不一致的，有些谈判人员不懂得平等互利的原则，常常坚持自己的立场，有时候甚至会想以强硬的手段获得利益。这样做只会给对方恶劣的影响，使谈判破裂。双赢的谈判能够增加谈判者之间的信任，提高谈判者的自觉性，增加谈判成功的机会。懂得为对方着想，才会关心对方的利益，最后才能使自己获利。美国钢铁大王戴尔·卡耐基经历过这样的一个谈判。有一段时间，他每个季度都有10天租用纽约一家饭店的舞厅举办系列讲座。可是在某个季度开始的时候，他突然收到了这家饭店的一封信，这是饭店经理的一封关于提高租金的信，信的大致意思就是，希望他能够将租金提高两倍。由于当时他已经将举办系列讲座的票印好并发出去了，卡耐基内心当然不愿意支付那部分提高的租金。

几天以后，他去见饭店的经理。他对这位经理说："收到你的通知，我确实有些震惊。不过，我能理解你的心情，作为饭店经理，你的责任就是尽可能多地为饭店争取利益，我一点也不埋怨你。如果我处在你的地位，可能也会写一封类似的通知，假如你不这样做的话，你很有可能会被解雇。我们现在来算算你提高租金之后的好处与坏处。”卡耐基在纸的中间画了一条线，左边写“利”，右边写“弊”。在利的那一边卡耐基写下了“舞厅，供租用”，然后对经理说：“如果舞厅空闲的话，那就可以出租，这当然意味着你得到了一些非常有利可图的生意。好了，看到了利之后，现在我们来看看弊。首先的弊就是你提高租金其实并不能够获得更多的收入，甚至只会获得的更少。实际上，你这样做只会赶我走，因为我付不起你要求的价格，所以我只能被迫改在其他的地方办讲座。可是对你来说，还有一个最大的弊，我的讲座吸引了很多有知识、有文化的客户来你的饭店，这对你来说是一个不错的广告，即使你花钱刊登广告也吸引不了这么多的人来你的饭店。”当卡耐基把写好利弊的纸交给经理，说：“我希望你可以考虑一下，权衡利弊，再告诉我你的决定。”第二天，卡耐基又收到一封信，这次饭店经理通知他租金提高至原来的一倍。你看，卡耐基没有给自己要求降低租金，他只是站在对方的立场上谈对方的利益，成功地达到了自己的目的。——这就是双赢的谈判。

在生活中，我们也要设身处地为别人着想，哪怕是疑惑不解的问题或者是困难重重的问题，都可能很容易解决。

有这样一个例子——一位父亲需要写字，就让儿子递给他一支笔。儿子随手给父亲递了过去，不料，却把笔尖那头给了父亲。父亲告诉儿子这样一个道理：“递东西给别人的时候，首先要考虑的就是对方是不是方便接。假如你把笔头递过去，别人还要费力把它倒转过来；假如没有笔帽，还要弄人家一手墨水。尤其在递刀剪一类物品的时候更要这样，避免刀尖刀口对着人家。”看似平常的话，却给我们很大的启示。有时候，一个和善的眼神，就可以成为跨越障碍的动力。哲学家莫尔在《乌托帮》一书里也说过，金银远远比不上铁的用处大，道理很简单，为他人着想，哪怕给出的只是铁，对别人来说也是宝贵的金子。

更多的双赢技巧

谈判不是比赛，一定要分出胜负才罢休，也不是一场战争，需要置对手于死地，它是一场以双赢为目的的谈判。既然是双赢的谈判，那么在谈判过程中，我们需要达成以下共识：

1. 谈判的双方是平等的

为什么要求双方是平等的呢？这是因为只有建立在平等的基础上，双方才能获得一种人格上的尊严。无论你是销售商还是购买方，双方的地位都是平等的，只有在平等基础上的谈判才是双赢的谈判。

2. 谈判的目的是为双方谋求共同的利益

谈判就是一个双方交换利益的过程，只有找到了共同的利益，才能找到合作的关键点。有句话说的好——“世界上没有永恒的敌人，也没有永恒的朋友，只有永恒的利益。”当谈判双方所追求的利益一致时，谈判就很容易进行，双方很容易达到一个平衡点。在销售中，一方是为了推销自己的产品，另一方是为了购买自己所需要的产品，他们双方是为了能得到自己需要的东西坐在一起，是一种合作的关系。

3. 客观公正，对事不对人

谈判建立在客观公正，对事不对人的前提和基础上，这是谈判者文化修养的一种体现。谈判高手永远着眼于长远，着眼于未来，而不是仅仅把目光局限于一锤子买卖上，他所追求的是一种长期合作的关系。一个优秀的销售员，他所追求的是能够与客户建立长期的买卖合作关系，而客户希望的是能够给自己适合的、优质的产品。特别是在公司的谈判上，双方更是各有所需，都希望能够建立长期的合作关系。因而在谈判中，双方都非常注重建立和维护友好的合作关系，他们把谈判中出现的争执和冲突的焦点集中在事上，谈判中针对的观点仅仅是对事而不是对人。

有些谈判者在谈判中总是千方百计地压倒对方，满足自己，这是一种竞争性的谈判，这种谈判的结果不是赢就是输。因此有不少人常常抱怨，我也尝试过合作双赢的谈判技巧，可是我发现只是我想与对方建立合作关系，他们根本就是把我当作敌人。在谈判中，他们咄咄逼人，我不得不与他们针锋相对。比起针锋相对的谈判，人们更容易接受合作双赢的谈判。

在商业谈判中更是如此。如何把良好的愿望和动机带到谈判中，最终获得双赢谈判呢？技巧无疑是最关键的。

首先，以远利诱惑。

假如你想用2000元购买一只股票，你打算做长期投资，你会怎么做呢？你会先估算10年中各种股票的收益和风险，然后选择那些财力和实力都很雄厚、信用级别高的公司进行投资。你这样做不仅能为你带来高额的利润，还能为你减少风险和损失。其实，你选择这只股票是因为它有长远的诱惑力，正是由于远利的诱惑，才促使你做出选择。这个道理同样适用于谈判人员。当一个谈判人员决定是否要与你保持长期合作关系时，他事先会核算一下他未来利益满足的程度。如果他认为收益很少，不管你们之间关系如何，哪怕你的信誉很高，他也不会与你长期合作，因为没有人愿意把自己的资金长期投入到一个没有多大收益的地方。一旦别的地方收益高，他会毫不犹豫地选择与收益高的合作。所以说在谈判中，要想争取与对方的长期合作，你必须确定能够给他带来长远的利益。健力宝集团初建时期，为了进入国际市场打开销路，于是决定与香港经销商达成长期的销售协议。当时，健力宝公司在国际上没有名气，经销商正是看中了长远的利益，才敢于承担风险帮助健力宝公司打开市场渠道。健力宝公司为了增强竞争力，在销售中采取了不计成本的办法，香港经销商感到有大利可图，又预见到健力宝销售的光明前景，因此决定与之合作，并心甘情愿出钱为健力宝作广告宣传、树立信誉。事实证明，香港经销商是有远见的，健力宝公司顺便进军香港市场，还远销日本、东南亚、欧美等国家。香港经销商从中获得了一大笔客观利益。

其次，创造双赢。

在很多谈判中，谈判者为了追求单一的结果坚持自己的立场，从不考虑对方的情况。谈判高手认为成功的谈判应该使得双方都有赢的感觉，这样才能使以后的合作持续下去，双方也会在积极的合作中得到自己的利益。

事实上谈判是以实现谈判者的经济利益为目的，那么在沟通的过程中怎样讨论双方的利益，为双方最终达成圆满的结局奠定基础呢？第一阐述自己的利益时要实事求是。阐述你的利益要明确、具体，不但有助于树立你的良好形象，而且能够理直气壮地阐述你所关切的问题的重要性，引起对方对你的利益的重视。第二在谈判中，你要提出具体、灵活的意见。你在参加会谈时，不仅要准备一个或几个办法来满足你的利益，而且还要表现出随时可接受不违背原则的新意见。

总之，当你为你的利益而努力谈判的时候，并不是说你对对方的利益不关注，现实恰恰相反，如果你不打算接受对方的建议，就没必要关注对方的利益。那么，你也不要期望对方关注你的利益和建议。在谈判时，我们要把谈判的着重点放在创造价值上，比起竞争性输赢的谈判，合作双赢的谈判带来的风险更低，价值更高。竞争性谈判关注的是正面交锋，是一种强势的谈判策略，谈判的一方常常是以强势来压倒对方。合作双赢的谈判关注的是良好的沟通，双方共同开发的是价值，谈判的结果是一种满足的双赢。合作双赢是一种积极主动的谈判技巧，如果一方在谈判过程中积极主动，把对方当成合作伙伴，在争取自己利益的同时也去考虑对方的利益，共同创造价值，达到双赢的谈判结果。

书面文字比口头答应更有说服力

大多数人都比较容易相信那些形成文字的东西，打印出来的文字对我们的影响力会比口头答应的更有说服力，这就是为什么大家都非常相信演示文件的原因。现在你在客户面前坐好，打开你事先准备好的演示文件，演示文件的第一页——我们公司是居于世界500强中的前20位的顶级制造企业！第二页——我们的工作人员是这个行业最出类拔萃的！紧接着是客户的推荐信。相信每一个看到这里的客户，都会对你们的公司产生好印象。

许多酒店就是通过这种方式提示客人及时退房的。假日酒店有很多工作人员反映，他们曾有一段时间，无论怎么和客户说都很难使客户在12点之前准时退房。后来他们发现了一个好办法，在门后边挂了一个小小的提示牌。这个小小的举动胜过一万句的话语，效果好极了。如今所有的客户都非常重视那个小广告牌上的文字，酒店的按时退房率已经达到了97%。

比如你是一家商场的经理，你们商场打算搞一次特价促销的活动。你一定要以书面形式通知商场的工作人员，然后你们在进行大幅度的宣传。记住一定要用书面文字的形式列出大的横幅，告诉客户你们是在进行促销，这比你们的工作人员喊破嗓子还要有用得多！

再比如有一天，你打算给你的新商品提高价格，你一定要用书面的形式通知你的销售员。现在你设想一下，当销售员坐在一位客户对面，他有两种方式要告诉对方这件事，第一种方式——我们下个月要调整价格，所以我建议你现在就赶快做出决定。或者是第二种方式——销售员直接把你发给大家的通知拿给这给客户看，并且告诉他说："你现在看看这个通知，这是我刚刚收到的上级的通知，我们从6月1号就开始进行调价了……"你认为哪种方式更好一点呢？谈判时一定要尽可能向你的对手出示书面文字，因为这样显得更加可信。假如你是通过电话与对方交谈的，你最好在电话结束之后给对方发一份传真。

只要是情况允许，你最好使用书面文件。特别是你在销售一些大额产品的时候，最好用电脑创建文件，你这样做会给你带来巨大的利益回报。当我打算装修我的新居，我收到了四家家装公司的报价，其中的三家的报价单都是边给我介绍边手写的报价，只有最后一家是电脑打印出来的，包括的款项非常全面，每一笔报价都详细地记录在内。虽然最后一家的报价比其他三家的报价高了不少，可是我还是接受了最后一家的报价，因为我根本无法相信那些随手写出来的报价，我担心存在陷阱。所以说打印出来的文字更具有说服力。

生活中这样的例子随处可见，当你看到一块禁止停车的标语，你还会停车吗？可是假如有一天，那块牌子不见了，人们明明知道那个地方不能停车，可是还是会停下，这是为什么呢？因为他们觉得牌子比事实要可信得多。你看，这是多么得不可思议啊！其实，每个人都是如此，这就是为什么大家都需要“口说无凭，立据为证”。你要记住，谈判时你谈好的每一条都要记在合同里面，这样等对方反悔或者不认账的时候，可以直接拿出来反驳对方。无论任何时候，你都要牢记，书面文字比口头答应更具有可信度。

祝贺对方

在你们谈判结束之后，记得一定要真诚地祝贺对方，哪怕你觉得对方的表现是多么差劲，哪怕你心中对对方都是怨气，但是一定不要表现出来。不要因为对方的糟糕谈判技巧而洋洋得意，也不要因为对方是一个没有经验的菜鸟而不屑一顾。你要知道，欣赏也是一种力量，你无论如何都要对对方表示祝贺。你可以这样告诉他：“你的表现真是棒极了！虽然我们没有获得我们想要的结果，但是从这场谈判中我受益匪浅，学到了许多谈判知识，你们做得太好了。”因为参与谈判的过程其实也是一种实现自我的过程。记住，一定要使对方感觉到是他们赢得了这场谈判。

谈判高手总是希望对方赢得这次谈判，在一开始的时候，他们就会提出超出自己预期的条件，在谈判过程中，还会运用各种谈判策略，使对方感觉到他们占了谈判的先机，正在取得胜利的路上。在谈判结束的时候，一个谈判高手还会向对方表示祝贺，再次肯定是对方赢得了这场谈判。

也许有人会这样问我，对方没有赢，为什么还要祝贺对方呢？让他们感觉赢了谈判真的那么重要吗？下面我们来看看这个例子：

20世纪80年代，美国和墨西哥两个国家进行了一场谈判，那是一场关于天然气问题的谈判。当时美国想低价购买墨西哥的天然气，但是墨西哥不同意低价卖出，他们想涨价。后来，美国石油财团与墨西哥在关于天然气的价格上已经达成了协议，但是当时的美国能源部部长却拒绝批准这份合约。他认为没有什么好谈的，所谓的谈判无非就是因为价格问题，当时的墨西哥的天然气不可能有别的买主，因此他断然拒绝了美国石油财团与墨西哥已经签好的协议。其实他只是想以大国的威风来镇压对方降低要求。可是，令这位能源部长没有想到的是，因为他的威胁，竟然使得墨西哥非常愤怒，墨西哥进行了很大的反抗，动手将天然气烧掉了。因为墨西哥所关心的不仅仅是价格问题，他们更看重的是地位的平等，以及获得的尊重。他们要求美国的诚意和信任，但美国的做法严重地伤害了他们。在他们看来，在谈判中的不尊重就是对他们的一种侮辱。接下来，墨西哥政府用行动向美国证明：国家的尊严高于一切。他们宁可烧掉也不愿意卖给美国。因为美国的忽视导致了这场对自己非常有利的谈判就这样失败了。

一个人的需求是多方面的，在谈判中得到的仅仅只是我们的部分需求，不可能完全满足我们的需要。因此谈判结束的时候，无论对方表现如何，都要祝贺对方，让他有一种满足感。你知道在硝烟弥漫的战场上，得胜的将军们是怎么对待战败方的吗？当英国陆军和海军穿越大西洋，从阿根廷手里夺回福克兰群岛时，就已经拉开了胜利的帷幕。很快，阿根廷海军失去了大部分军舰，英国军队大获全胜，取得了决定性的胜利。在阿根廷军队投降的当天晚上，英国海军司令邀请阿根廷海军司令共进晚餐。对于海军司令的这种做法，许多人表示不理解，自古以来都是“胜者为王，败者为寇”，阿根廷已经失败了，还有宴请他们的必要吗？但是面对这些，英军司令绝不这样想，他陈垦地向对方举起酒杯说：“你棒极了，打了一场漂亮仗，你是我遇到的第一个强硬的对手。”你看，这就是谈判高手的策略，他们给人的感觉总是那么彬彬有礼。在谈判结束后让对方感觉赢了谈判，在谈判中，是对方的锲而不舍才取得的胜利。这样做不但表现了他们的大度和良好修养，也使对方增加自信。虽然这次他们没有得到自己想要的那种结局，但是你的友好，大度却给他们留下了好的印象，也许有机会他们还会考虑和你合作。

一场成功的谈判，每一方都应该是胜利者

美国著名谈判学家尼伦伯格认为——一场圆满的、成功的谈判，每一方都应该是胜利者。谈判时，谈判双方都会竭尽全力维护自己的利益，比如销售员常常把自己的产品讲的如何好，说的天花乱坠，目的是为了提高产品的价格，可是顾客一般是根据自己的需求，从不同的角度去检查这件商品，总是鸡蛋里面挑骨头，他的目的是为了找到产品的不足，以便于压低产品的价格。你看，双方都在找理由来支持自己的报价，互不相让的结果使谈判陷入僵局。假如双方还是不愿意退让的话，谈判就会失败，对谁都没有好处。因此当谈判陷入僵局的时候，一方做出让步或者是双方共同协商，达到谈判结果的一致。

谈判双方都会为了自身的利益来讨价还价。既然是能够坐下来谈，那就说明双方都是希望可以达成对双方都有利的协议。

如何做才能达到双方都满意的谈判结局呢?

谈判双方需要进行沟通。谈判的目的是为了交流观点，达成利益的一致，并不是为了打败对方，双方的沟通是为了更好地说服对方接受自己的需求或建议。谈判一开始，双方就应该建立一种平等、信赖的合作关系，有意识地引导对方向自己的需求靠近，这样才能发挥积极主动性。如果一方坚持自己的立场，认定自己的要求是合理的，不给对方一点回旋的余地，咄咄逼人的态度只会惹来对方的反感，对方也不会让步，从而使谈判陷入僵局甚至破裂。要想使谈判成功，就要顾及到对方的情感，给予一定的让步。一次成功的谈判，谈判的每一方都应该是胜利者，双方都应该满意谈判的结果。不善于控制自己的情绪，不愿意做出妥协，就不能实现双赢的谈判局面。如果是你，对方逼迫的你无路可走或者不给你面子，你会愿意吗？其实谈判人员之间是没有任何矛盾的，他们只是代表自身的利益。要抱着谈成功了高兴，谈失败了也没什么，保持心平气和，这次生意不成，还有机会呢。特别是在商务谈判中，如果忽视了对手的情感，对方会对你产生敌视和防范，谈判就很容易陷入利益之争。谈判人员要善于控制自己的情绪。当谈判陷入困境时，要及时权衡利弊，做出适当的妥协，给自己留下退路，争取继续谈判的可能性。

很多人可能会认为谈判就是从对方那里获得好处，获得的好处越多，谈判就越成功。其实这是一种错误的想法。对每一位谈判者来说，只有双方的利益和需求得到满足的谈判，才是成功的谈判。谈判不是一方赢，而应该是双方都赢。

要想达到双赢的局面，就要遵守一定的原则：

1. 你要知道在谈判中，你们双方不是为了同样的东西而来，不要认为你损失的东西就一定是对方想要得到的东西。只有那些非常糟糕的谈判者才会试图强迫对方改变立场，谈判高手通常知道，哪怕谈判双方的立场差别很大，双方的利益也是相同的，他们会通过行动让对方改变立场，并关注双方的共同利益。

2. 不要把谈判局限于一个问题上。如果你们在谈判中，已经解决了其他所有的问题，最后只剩下一个价格问题的时候，你们就不是在谈论问题了，而变成了谈论输赢。这时你们争下去的结果就只能是一输一赢。假如你知道不要局限于一个问题，你就可以在谈判桌上多留几个问题，你总能找到达成交易的交换条件。由于你们的谈判目的不同，所以许多其他的因素也是很重要的，比如产品的质量或者你们的服务态度，按时送货和灵活的付款条件等。

3. 不要太贪心。谈判时，总有些谈判人员希望得寸进尺，在谈判中捞尽好处。其实这样做看起来是你胜利了，但是对方觉得失败了，达不到双赢的局面。对方一直觉得很委屈的话，你的胜利又有何用？所以不要太贪心，要留点好处给对方，让对方也有赢了谈判的感觉。

4. 给对方一些额外的优惠。

成功来自合作

在市场竞争激烈的今天，要想生存和发展，靠的不是哪一个人、哪一个企业的力量，而是大家之间的合作。谈判也是如此，如果不注意对方的力量，光靠自己是行不通的。

有一个这样的故事，说的就是合作的重要性。

在竞争激烈的环境中，有一只高大的斑马与三只矮小的猎狗进行了一场殊死搏斗。在搏斗的过程中，三只猎狗知道自己处于劣势，但是他们懂得合作的道理。三只猎狗进行了分工，一只猎狗负责咬斑马的脖子，一只猎狗负责斑马的屁股，另外一只猎狗负责斑马的腿，就这样，三只猎狗同时咬住了斑马。最终，高大的斑马不敌，倒了下来，被三只猎狗瓜分了。斑马看起来高大，抵抗一只猎狗绰绰有余，但是同时抵抗三只团结起来的猎狗，却是力不从心。这就是小猎狗战胜大斑马的秘诀。

要想在市场竞争中取得胜利，不要只做一时的强者，要懂得适可而止，要懂得合作的重要性。一场成功的谈判是一次双赢的谈判，如果谈判的一方强调自己的利益，不做丝毫的让步，甚至在谈判过程中，拼的你死我活，这是大家最不愿意看到的谈判。在商业谈判中，我们要做到“有福同享，有钱大家一起赚”。在谈判中，双方都要做出相应的让步，达到双赢的目的，这才是成功的谈判。谈判双方都很满意，你赢得高兴，我也没有输，我也高兴。做任何事情，单枪匹马都是难以成功的。

从前，有两个人流落到荒岛上，他们获得了上帝的恩赐，上帝给了他们一根鱼竿和一篓子的鲜活的鱼，面对这份大礼，两个人开始了谈判。最后一个人要了一篓子鲜活的鱼，一个人得到了一根鱼竿。得到鱼竿的那个人忍住饥饿，一步步走向海边，准备钓鱼。可是，由于太饿了，他最近一点力气也用完了，最后他只看到了蔚蓝的大海，只能遗憾地撒手而去。而另外一个得到一篓子鱼的人，立刻点火煮鱼吃，他很久没有吃过饭了，狼吞虎咽地吃起来。几天后，他的鱼就吃完了，他再也得不到任何食物，最后饿死在空的鱼篓子旁边。

同样是两个饥饿的人在荒岛上得到上帝的赏赐，一根鱼竿和一篓子鲜活的鱼，这两个人得到礼物之后，并没有分开，他们商量着一起去寻找有鱼的大海。一路上，饿了，他们就只煮一条鱼吃。苍天不负有心人，他们两个人经过艰苦的跋涉，最后来到了有鱼的海边。他们一起钓鱼，维持生计，然后等待着船只经过。就这样，终于有一天，他们得救了。

你看！前面两个人，因为不懂得合作，最后都失败了，后面的两个人，因为懂得合作，获得了双赢的结果。

无论是商业谈判还是市场谈判，都不要在交易中只顾自己的利益，一定要考虑到别人的利益。成功来自于双方的合作，先对谈判的双方进行详细的了解，弄清楚对方真正的需求，通过双方的协商，该让步的时候做出一定的让步，在需要对方让步的时候也一定要积极争取自己的权益。无论何时都要记得，谈判中不应该出现输家，只有双赢的合作才是成功的谈判。